ASAHI SENSHO
朝日選書
1034

徹底検証 沖縄密約

新文書から浮かぶ実像

藤田直央

朝日新聞出版

徹底検証　沖縄密約

新文書から浮かぶ実像

目次

プロローグ……4
空前絶後の日米首脳会談／「天皇メッセージ」／「核兵器のない世界」の裏で／「阿達さんが継いだ」

第1章　見つかった「若泉文書」

（1）国際政治学者・若泉敬……22
引き継がれた5点の文書／「若泉書簡」／若泉敬氏の生涯／生き様を胸に刻む人々／晩年の姿／沖縄県民への歎願状／伝記の作者を訪ねる／「国事犯」としての「独演」／ある官僚との「一瞬」／「権力の魔性」に毒されず――／故郷を訪ねて／地元での「知名度」

（2）「若泉シナリオ」を読み解く……65
ニクソン政権の方針／「合意」と「破綻」の象徴／いつ、どのように書かれたか／核問題シナリオ／共同声明をめぐる駆け引き／核問題シナリオの凄まじさ／粘るニクソン大統領／核密約への運び／「小部屋」に大統領が誘う／NPTでつばぜり合い／佐藤首相の「大局的判断」／繊維問題シナリオ／『他策』との照合／「糸と縄」／シナリオの変転

（3）密約調査の有識者らは……121
民主党政権下での調査／一体性と一過性／なぜ「密約」と認めなかったか／外務省開示文書から／新たな史料で読み直す
（4）岡田克也氏との対話……137
首相密使外交への厳しい指摘／「核兵器のない世界」への道

第2章　「沖縄密約」前後

（1）「基地研文書」……148
佐藤首相ブレーンらの議論判明／沖縄基地問題研究会とは／議事録の匿名メンバー／後の密約の「原型」／研究者へのインタビュー／半世紀後、いまの日本
（2）若泉氏とソ連、中国……169
ソ連外交ブレーンとの対話／知られざる「訪中」

第3章　西山太吉氏の執念

（1）極秘の「井川書簡」……180
沖縄返還、もう一つの密約／「井川書簡」の全文／結局出廷した井川氏

／健在だった西山氏を訪問／元検事総長に聞く
（2）西山氏へのインタビュー全文……214
逝去半年前、故郷の北九州で／首相官邸筋が「あなたへの当てつけ」／「それが私の哲学や」
エピローグ……224
二人の人生と日本の行方
あとがき……230

徹底検証 沖縄密約
新文書から浮かぶ実像

藤田直央

■本書関連の略年表

1930年		若泉敬氏、福井県に生まれる
31年		西山太吉氏、山口県に生まれる
45年		米軍が沖縄本島に上陸し日本軍と戦闘。沖縄住民の死者は9万4千人とされる。広島と長崎に原爆投下。日本敗戦
52年		日本が連合国軍の占領から主権回復。米軍は本土駐留を継続し、沖縄を施政下に
60年		日米安保条約改定。米国が日本に核を持ち込む際などの事前協議に合意
65年		佐藤栄作氏が戦後の首相で初めて沖縄を訪れ、返還を政権課題に掲げる
67年	9月 11月 12月	若泉氏が佐藤首相の密使として活動を開始 日米首脳会談で佐藤首相が「両三年内」の沖縄返還時期合意を強調 佐藤首相が非核三原則を表明
68年		沖縄基地問題研究会が返還交渉方針について議論し、翌年3月に首相に提言
69年	3月 11月	佐藤首相が「核抜き・本土並み」の沖縄返還交渉方針を表明 日米首脳会談。沖縄72年返還を発表。返還後の沖縄への緊急時の核再持ち込みについて密約を交わす。対米繊維輸出規制に関する密約は成立せず
71年	5～6月 6月	沖縄の米軍用地原状回復補償費の日本側肩代わりをめぐる日米協議 日米両政府が沖縄返還協定に調印。同補償費は米側が払うと明記
72年	1月 4月 5月	日米両政府が日米繊維協定に調印し、日本が繊維輸出を自主規制 毎日新聞記者の西山氏が、米軍用地原状回復補償費をめぐる日米協議の秘密文書の漏洩をそそのかしたとして逮捕、起訴される 日米両議会の承認を経て沖縄返還協定が発効し、沖縄返還
78年		西山氏の有罪が最高裁で確定
94年		若泉氏が著著『他策ナカリシヲ信ゼムト欲ス』で、佐藤首相の密使だった過去と69年日米首脳会談での核密約を告白
95年		沖縄県で米兵による少女暴行事件と抗議の県民大会
96年	4月 7月	日米両政府が沖縄県の米軍普天間飛行場の返還合意（いまだ実現せず） 若泉氏、福井県で死去。66歳
2000年		沖縄返還交渉での米軍用地原状回復補償費の日本側肩代わりが米公文書で判明
06年		同補償費の日本側肩代わり密約を元外務省アメリカ局長・吉野文六氏が認める
09年		佐藤元首相の次男・信二氏が69年に日米両首脳が署名した核密約文書を明かす 民主党政権下で外務省が日米密約を翌年にかけて調査。有識者委員会は核密約を「密約とは言えない」、肩代わり密約を「広義の密約」とした
22年		佐藤信二氏の娘の夫である阿達雅志氏が、若泉氏直筆とみられる69年日米首脳会談のシナリオを含む「若泉文書」を明かす
23年	2月	西山氏、福岡県で死去。91歳

プロローグ

沖縄が米国から返還されて半世紀。東シナ海から戦後日本のあり方を問い続ける声に導かれるように、私は返還時の密約をめぐる新たな文書をいくつか見つけることができた。

2022年から23年にかけて朝日新聞で報じたそれらの文書について、さらに深めた取材をもとに、沖縄密約とは何だったのかを本書で検証してみたい。

空前絶後の日米首脳会談

1969年11月、ホワイトハウス。

佐藤栄作首相とリチャード・ニクソン大統領が相まみえた会談は、史上最も重要な日米首脳会談と言って過言ではない。日本が米国との戦争に敗れ施政権を失った領土・沖縄を取り戻す合意をした上に、その地の米軍基地にあった核兵器が撤去されることになった。

そして、史上最も異常な日米首脳会談とも言える。3日間で4時間20分にわたる会談のすべてが、同席者が通訳のみの両首脳だけで行われたというスタイルだけではない。最大の焦点である沖縄の核兵器の扱いについて、首相密使と大統領補佐官の極秘交渉で会談のシナリオが練られ、それに沿って、緊急時には返還後の沖縄に米国が核兵器を再び持ち込むことを日本が認める密約が交わされた。

こんな日米首脳会談は空前であり、恐らく絶後だろう。

その首相密使を務めた国際政治学者・若泉敬《わかいずみけい》氏（１９３０〜96）が遺した、この会談に臨む佐藤首相向けの手書きシナリオなどの文書の存在を、私は２０２３年1月4日に朝日新聞で報じた。その記事がもとになった本書は、前年秋の一本の電話から生まれた。

佐藤栄作首相とニクソン大統領の日米首脳会談＝米ワシントン、1969年11月19日（写真提供／共同通信社）

太平洋戦争末期の地上戦で米軍に占領された沖縄は、敗戦後の連合軍による占領から日本が主権を回復した１９５２年以降も、米国の戦略拠点として米軍施政下に置かれた。60年代半ばからの熾烈な日米交渉を経て、72年にようやく日本に返還された。

２０２２年はそれから50年。節目ということで、私は沖縄について様々な記事を書くにあたり、返還交渉に詳しい日本大学特任教授の信夫《しのぶ》隆司氏にご教示をいただいていた。

この時の電話は、沖縄返還の際に日米間で交わされた密約の一つ、米軍用地の原状回復補償費についてだった。米軍が沖縄戦による占領で接収した土地を返す際に元の状態に戻すための費用を、日本政府がひそかに肩代わりするという件だ。

この密約をめぐっては、極秘文書を漏らすよう外務省の女性事務官をそそのかしたとして毎日新聞の西山太吉記者が1972年4月に逮捕、起訴され、有罪になるという大事件があった。私が外務省に求めていた事件への対応に関するファイルの閲覧が許可され、綴られた文書を2022年9月初めにめくり、評価を信夫氏に尋ねていたのだった。

文書には、あくまで密約を否定する外務省の姿勢があらわだった。それについては本書の後半で述べるが、信夫氏との話はさらに転がっていく。沖縄返還から半世紀経っても密約にまつわる文書が出てくるんですねという話をしていて、信夫氏がふと口にした。

「そういえば、合意議事録の原本はどうなったかご存じですか」

合意議事録とは、沖縄返還の際のもう一つの密約を記した合意文書のことだ。

米国とソ連の両核大国がにらみ合った冷戦下の1960年代、沖縄はベトナム戦争で米軍の出撃拠点になっていた。中国が核・ミサイル開発を進め、韓国と北朝鮮が対立を深める中、米国にとって沖縄の米軍基地の重要性は増すばかりだった。

1964年、池田勇人首相が東京五輪を見届けて退陣し、佐藤栄作氏が自民党総裁・首相となる。65年に沖縄を訪れ、「沖縄の祖国復帰が実現しない限り、わが国にとって戦後が終わっていない」と表明。以降72年にかけての長期政権で沖縄返還を最大の課題に掲げる。

佐藤首相はさらに、1967年に核兵器を「持たず、作らず、持ち込ませず」の非核三原則を打ち出し、68年には「核抜き・本土並み」での沖縄返還を日米交渉の目標に掲げる。沖縄の米軍基地には台湾有事や朝鮮半島有事に備えて核兵器が置かれていた。これをどうするかが、69年の日米首脳会談の最大の焦点となった。

冒頭で触れたこの会談は、佐藤首相とニクソン大統領が沖縄の1972年返還に合意した場として歴史に刻まれる。だがその裏で両首脳は、米国は沖縄の返還時に核兵器を撤去するが、緊急時には再び持ち込むことを日本は認めるという密約に署名していた。

若泉敬氏。京都産業大学教授のころ＝1970年ころ東京都内で撮影。吉村信二氏提供

この核密約を四半世紀後に明らかにしたのが、佐藤首相の密使を務めた若泉氏だった。ヘンリー・キッシンジャー大統領補佐官と密会を重ねて密約の草案を練った交渉や、首脳会談で予定通り運んだと佐藤首相から国際電話で伝えられた経緯を、1994年の著書『他策ナカリシヲ信ゼムト欲ス』（文藝春秋。以下『他策』）で告白した。

外務省は核密約への関与を否定。キッシンジャー氏との極秘交渉を徹底したと語る

『他策』との辻褄は合っていたが、日本政府はそれを理由に密約も否定し、せめぎ合うことになる。

2009年に誕生した民主党政権が戦後の様々な日米密約の調査に乗り出す中で、佐藤元首相の次男で元衆院議員の信二氏が、『他策』にある通りに両首脳の署名が記された密約の原本を、父の遺品として明らかにした。それでも日本政府は翌年、関連文書は政府内にないという調査結果をまとめた上で、核密約は「少なくともいまや有効でない」と米政府と確認した。

この紆余曲折から12年が過ぎ、沖縄返還50年となる2022年を迎えていた。若泉氏自身が「何事も隠さず 付け加えず 偽りを述べない」との「宣誓」を巻頭に刻んだ『他策』の他に、若泉氏の密使としての活動を伝える文献はほとんど世に現れておらず、返還交渉の核心であった核密約の問題は曖昧《あいまい》になるばかりだった。

そんな中で、日本政府が「関知せず」として私文書扱いになっている核密約の原本が佐藤家でどうなったのかについて、信夫氏はある可能性を口にしたのだった。

だがその話に進む前に、私がなぜこのように沖縄をめぐる日米密約にこだわるかを説明させていただきたい。それが、信夫氏から得たヒントをきっかけに本書を書くことになった、そもそもの動機だからだ。

私は沖縄に縁を感じている。返還の年に生まれ、大学生の時に本島や離島を自転車で旅し、冷戦が終わったその頃のゼミ発表のテーマは、沖縄の米軍基地の行方だった。朝日新聞で政治記者になって最初の仕事は、沖縄に思い入れの深い小渕恵三首相の「番記者」。民主党政権下の2010〜11年には、鳩山由紀夫首相の「最低でも県外」発言によって米軍普天間基地の移設問題が再燃する中で沖縄に赴任した。以降もたびたび取材に訪れている。

一方で大学時代から憲法に関心があり、憲法と政治や社会の関係について細々とではあるが記事を書いてきた。戦後の憲法に掲げられた「国民主権、平和主義、基本的人権の尊重」の三原則は、この国の血肉となっているのか。政治記者になってからは、政治がそれを実現してきたのか、実現しようとしているのかを問うてきた。

そうした意識で沖縄をめぐる日米関係を取材すればするほど、慄然とした。この国は戦後、米国とひそかにやり取りをしながら、日本国民、とりわけ沖縄の人々が最も負担を強いられる選択を重ねている。憲法の三原則をないがしろにし続けている。その宿痾《しゅくあ》をみたからだ。

終戦直後と最近の例を一つずつ挙げる。まず終戦直後のものとして、「天皇の沖縄メッセージ」がある。戦争に敗れた日本が連合国軍総司令部（ＧＨＱ）の占領下にあり、主権回復を探っていた１９４７年９月、沖縄では米国の占領継続を望むという昭和天皇の意向が、宮内庁御用掛の寺崎英成《ひでなり》氏からＧＨＱに伝えられていたというものだ。

「天皇メッセージ」

「天皇メッセージ」は米国立公文書館で見つかった文書が日本で１９７９年に紹介されたが、その意図や影響をめぐりいまも評価が分かれる。敗戦直後で混乱のただ中にあった国家の意思決定を探ることの難しさからだ。戦前は統治者として「国体」の中心にあった昭和天皇が、占領下で生まれた新憲法の施行により「日本国と日本国民統合の象徴」となった直後だった。

昭和天皇は四半世紀後の1972年の沖縄返還にあたり、「さきの戦争中および戦後を通じ、沖縄県民の受けた大きな犠牲をいたみ、長い間の労苦を心からねぎらう」と述べた。逝去から30年余、その思いが風化せぬよう、「天皇メッセージ」に関する事実を時系列で示しておく。

▽1947年

9月19日　寺崎が昭和天皇に拝謁後、シーボルトに面会した経緯について、「拝謁　沖縄島　皇后陛下の服　大努力大成功の日（中略）　シーボルト（ウィリアム・シーボルトGHQ外交局長）に会ふ　沖縄の話　元帥（GHQ最高司令官ダグラス・マッカーサー）に今日話すべしと云ふ　余の意見を聞けり　平和条約に入れず　日米間の条約にすべし」（『寺崎英成・御用掛日記』、1991年、文藝春秋）

9月20日　シーボルトがマッカーサーに、「天皇メッセージ」にあたる以下のメモを送る（米政府の開示文書を筆者訳。丸カッコ内は原文通り）。

天皇のアドバイザーである寺崎氏は、沖縄の将来に関する天皇の考えを私に伝えるためにアポイントを取って来訪した。

寺崎氏は、天皇が沖縄と他の島々の米軍による軍事占領の継続を希望していると語った。天皇の意見では、そうした占領は米国の利益と日本の防御となる。天皇は、そうした動きに日本の人々は広く賛同するだろうと思っている。日本の人々はロシアの脅威を恐れるだけでなく、占領後に右翼と左翼が伸長して事件を引き起こし、ロシアがそれに乗じて日本の内政に介入する基盤になると恐れているからだ。

天皇は、米国による沖縄（と、求められれば他の島々）の軍事占領は、日本の主権を残しつつ、25年から50年かそれ以上の長期貸与という擬制に基づくべきだ、とも思っている。天皇によれば、こうした手法での占領により、日本の人々は米国には琉球諸島における恒久的な計画がないと信じるだろうし、それゆえに他の諸国、特にソビエトロシアと中国は同様の権利を求めることを妨げられるだろう、とのことだった。

寺崎氏は手続きに関し、（沖縄と琉球の他の島々の）「軍事基地権」の獲得は、連合国と日本の平和条約というより米日二国間の条約であるべきだと思っていた。寺崎氏によれば、前者であれば命令された平和という感じが強すぎて、日本の人々の共感的な理解が将来危うくなるかもしれないとのことだった。

9月22日　シーボルトが米国務長官マーシャルに、前記のマッカーサー宛てメモのコピーを送る。タイトルは「日本の天皇の琉球諸島の将来に関する意見」。

▽1979年

4月　上記の「天皇メッセージ」メモを筑波大学助教授の進藤栄一が月刊誌『世界』（岩波書店）に寄せた論文「分割された領土」で紹介し、反響が広がる。

4月19日　宮内庁侍従長の入江相政《すけまさ》が昭和天皇から呼ばれ、「『沖縄をアメリカに占領されることをお望みだつた』といふ件の追加の仰せ。（日本の敗戦後、中華民国の）蔣介石が占領に加はらなかつたので、ソ連も入らず、ドイツや朝鮮のやうな分裂国家にならずに済んだ。同時にアメリカが占領して守つてくれなければ、沖縄のみならず日本全土もどうなつたかもしれぬとの仰せ」（『入江相政日記』、１９９１年、朝日新聞社）

この問題を国会で追及したのが、沖縄で祖国復帰運動を率いた瀬長亀次郎氏だ。沖縄選出の衆院議員となって10年目の１９７９年。復帰後も米軍基地撤廃による「民族の解放」を求めてきた瀬長氏は、政府に「天皇メッセージ」の確認を迫る。『世界』の進藤論文に赤線を何本も引いて臨んだ4月27日の質問は、激しかった。

「当時はすでに憲法が施行されておる。この問題は国家主権と国民主権の問題なんです。（沖縄の）百万人、日本国民なんです。実に売国行為である」

「あした、4・28という民族屈辱の日、（52年に）対日平和条約が発効して（主権を回復した日本に沖縄が）断ち切られた日なんです。その苦しみの根源がここにあった」

瀬長は5月31日の国会で改めて「沖縄の長期にわたる軍事占領支配が天皇の提言に基づいて行われた

という歴史の証言である」と訴えた。答弁に立った園田直《すなお》外相は、「調査の結果は、そういう事実や記録は全然ない。私個人で判断しても、そういうことに天皇が自らの意見を発表されるようなことは絶対にあり得ない」と反論した。

だが、宮内庁は2017年に編集した『昭和天皇実録』で、「天皇メッセージ」について前記の1947年9月の経緯をほぼ確認している。

「核兵器のない世界」の裏で

もう一つ、この国が戦後、米国とひそかにやり取りをしながら、日本国民とりわけ沖縄の人々が最も負担を強いられる選択をした例を挙げる。こちらはいまと直接つながる。

2009年、「核兵器のない世界」を唱えるバラク・オバマ氏が米大統領に就いた。ところが唯一の戦争被爆国として核軍縮を唱える日本政府は、オバマ氏の登場をチャンスではなくピンチととらえ、日本を守る「核の傘」をたたまないよう米国でひそかに訴えていた。

私は2018年に、核軍縮や温暖化など地球規模の課題について提言する米NGO「憂慮する科学者同盟」の上級アナリスト、グレゴリー・カラキ氏からその話を聞いた。米連邦議会の諮問委員会がオバマ政権での核態勢見直し（NPR）に提言するため、08～09年に同盟国や友好国の政府関係者に非公開でヒアリングをしており、09年2月には日本代表として秋葉剛男駐米公使（現国家安全保障局長）らが出席。その会合についてカラキ氏は調べていた。

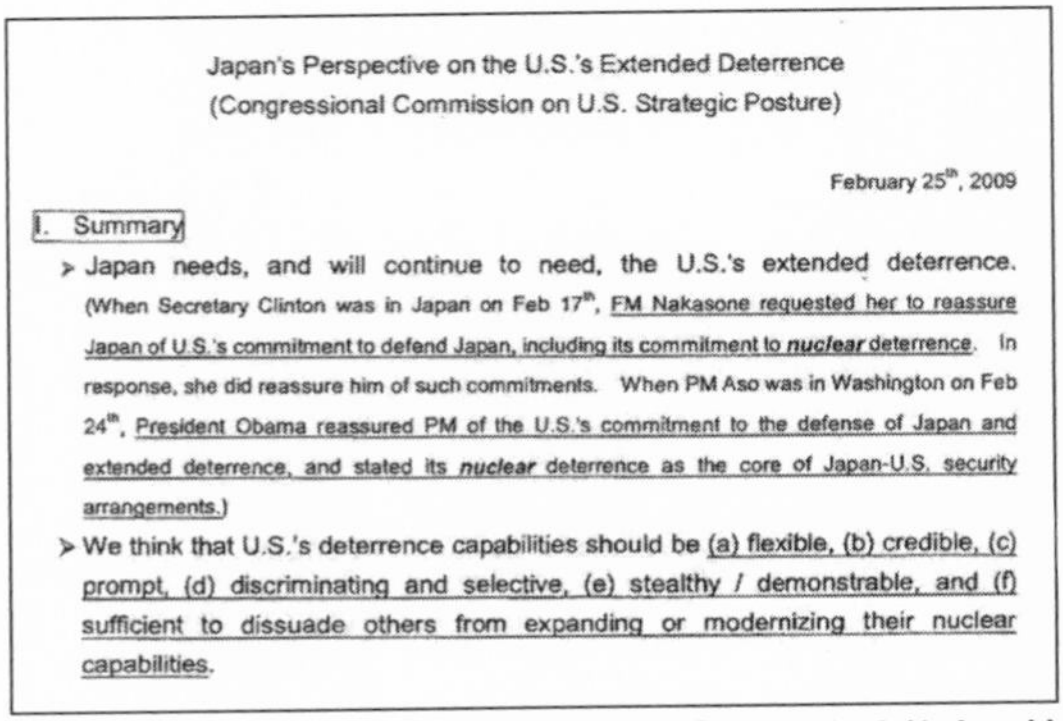
Japan's Perspective on the U.S.'s Extended Deterrence
(Congressional Commission on U.S. Strategic Posture)

February 25th, 2009

I. Summary

➢ Japan needs, and will continue to need, the U.S.'s extended deterrence. (When Secretary Clinton was in Japan on Feb 17th, FM Nakasone requested her to reassure Japan of U.S.'s commitment to defend Japan, including its commitment to ***nuclear*** deterrence. In response, she did reassure him of such commitments. When PM Aso was in Washington on Feb 24th, President Obama reassured PM of the U.S.'s commitment to the defense of Japan and extended deterrence, and stated its ***nuclear*** deterrence as the core of Japan-U.S. security arrangements.)

➢ We think that U.S.'s deterrence capabilities should be (a) flexible, (b) credible, (c) prompt, (d) discriminating and selective, (e) stealthy / demonstrable, and (f) sufficient to dissuade others from expanding or modernizing their nuclear capabilities.

グレゴリー・カラキ氏が入手した文書「米国の拡大抑止に対する日本の見方」1枚目のコピー

その会合で日本側が示して説明したものとして、カラキ氏が入手し、私も出席者から本物だという証言を得た3枚紙がある。タイトルは「米国の拡大抑止に対する日本の見方」。「拡大抑止」とは、同盟国など関係の深い国が攻められないよう、その国への攻撃を自国への攻撃とみなして反撃する集団的自衛権を行使する構えを示して敵を牽制することだ。そのためには核攻撃をも辞さない姿勢が「核の傘」と呼ばれる。

3枚紙では、「究極の目標として核兵器なき世界を支持するが、現在の日本周辺の安全保障環境をふまえれば米国による核を含む抑止が必要」と強調している。さらに「米国は、仮想敵が核能力の拡張や近代化を諦めるのに十分な抑止力を持つべきだ」など、日本が米国に核兵器の維持を求める主張を連ねていた。

当時は日中間で尖閣諸島問題は先鋭化しておらず、北朝鮮の核開発問題をめぐる米中日韓ロとの「6者協議」の枠組みはまだあった。「核兵器のない世界」を掲げるオバマ政権の誕生を機に、東アジアの核軍縮で対話を探る道もあった。実際、日本では自民党政権の麻生太郎首相が2009年1月の施政方針演説で「オバマ大統領と核軍縮・不拡散に連携して取り組みます」と語っていた。

だがその裏で日本政府は、国民のオバマ氏への共鳴をテコに核軍縮の理想へと向かうのではなく、「核の傘」への依存を強める方向へと傾いていたのだ。

日本政府はその経緯を、いまに至るまで語らない。3枚紙について2018年にカラキ氏が指摘し、朝日新聞が報じ、国会で野党に追及されてもだ。当時の河野太郎外相は、米連邦議会諮問委によるこのヒアリングは内容を明かさない前提だったとして答弁を拒んだ。日本政府の安全保障政策について、米議会関係者に伝えたことを日本国民に説明しないというのだから本末転倒だ。

しかもこのヒアリングでの議論は、米国の「核の傘」への依存強化にとどまらず、その後の日本の防衛力強化と国民の負担増加につながっている。特に「南西防衛強化」の下に、復帰以来変わらぬ在日米軍基地の集中に加え、自衛隊の配備が進む沖縄においてだ。

日本側が説明した3枚紙には、「抑止とは日米一体の努力であり、日本はその信頼性に貢献する。例えば弾道ミサイル防衛、通常戦争――」という記述がある。中国や北朝鮮への牽制に日本も加わるという姿勢だ。これが後に、2012年の衆院選で「日本を、取り戻す。」というスローガンを掲げた自民党が民主党から政権を取り戻した後、安倍晋三内閣が打ち出し、いま岸田文雄内閣が進める「日米同盟の抑止力」路線へと展開していく。

ヒアリングで日本側は「ロシアとの核削減交渉で中国の核軍備拡張と近代化に常に留意すべきだ」とも指摘し、米国の核戦略をめぐる日米対話の場を強く求めた。「中国への関与は理解するが、サプライズは望まない」と述べ、「事前に相談を」と繰り返したという。オバマ政権はその数日前、中国との高官対話を経済から安全保障へ広げると発表していた。

米側は、それならばと日本側に、今後の日米対話のテーマとして「核以上の抑止はどうか。日本の非核の攻撃能力だ」と促した。米国の「核の傘」や在日米軍基地への前方展開があっても中国軍の近代化や北朝鮮のミサイル開発が進む中で、日本自身の防衛力強化は日米間の懸案として大きな問題となっていた。日本側は「議論はタブーではない」と応じた。

米連邦議会諮問委はオバマ政権でのNPR見直しへの提言を2009年5月に公表し、「核問題での日本との協議発足」を強く求めた。これが日米外務・防衛当局幹部による拡大抑止協議（EDD）の10年2月の発足へとつながる。主導したのは、諮問委スタッフとして日本側との議論に加わり、米国防次官補代理（核・ミサイル防衛政策担当）に転じてNPRに関わったブラッド・ロバーツ氏だ。

オバマ政権は2010年4月発表のNPRで「通常兵器による抑止を含め同盟国と協力を続ける」と明記。民主党政権の菅直人内閣も12月に改定した防衛計画の大綱で、「核抑止力を中心とする米国の拡大抑止は不可欠で、信頼性の維持・強化のため米国と緊密に協力」と打ち出した。

この防衛大綱は1976年以降で四つ目となったが、「米国の拡大抑止への協力」を示したのは初めてだった。ロバーツ氏は2015年の著書で「単に米国の拡大抑止に頼るのではないという意思を表した10年の防衛大綱に、EDDプロセスは影響を与えた」と記す。秋葉・元駐米公使も12〜14年の外務省北米局審議官当時にEDDに参加している。

そして、安倍内閣で2013年に初策定された国家安全保障戦略と、改定された防衛大綱には、10年の防衛大綱の表現を踏襲しつつ「日米同盟の抑止力」という言葉が登場。この考え方が、15年の日米防衛協力のための指針（ガイドライン）改定や、憲法解釈の変更で認めた集団的自衛権の限定的な行使を具体化する安保法制成立へと引き継がれていった。

日本政府が語る「日米同盟の抑止力」の本質は「切れ目のない対応」だ。２０１５年のガイドラインでは、平時から日米で警戒監視情報を共有し対応を調整する仕組みを設けた。離島侵攻やミサイルなどで日本が攻撃されたらまず自衛隊が対応し、そのうえで米軍が支援する。敵の攻撃がエスカレートしないよう、米国は核の使用も選択肢から外さない――。

冷戦期は米国がソ連との最終戦争を恐れて核を使わない中で、「拡大抑止で同盟国と協力する仕組みが北東アジアにはなかった」（ロバーツ氏の著書）。だが、日米両政府はＥＤＤなどで議論を深め、米国は軍事力の頂点に核兵器を据えつつ在日米軍を維持し、日本は南西防衛と通常兵器を強化していくという「日米同盟の抑止力」の体系を築いていく。

安倍内閣は２０１８年に敵基地攻撃能力に転用し得る長距離巡航ミサイルの導入を決め、「抑止力強化」の検討を後継に託した。そして岸田内閣は22年末、９年ぶりの策定となる国家安全保障戦略で、大幅な防衛費増額と併せて敵基地攻撃能力を保有するという、戦後日本の安全保障政策を転換する方針を表明するに至ったのだった。

改めて述べると、「核兵器のない世界」を掲げるオバマ政権が２００９年に現れた反作用として、中国の軍拡を警戒する日本政府は米国の「核の傘」の維持を求めるという選択をした。そうした米政府との協議を深めつつ、内容を国民に明かさないまま、自衛隊を強化し米軍と連携を深める「日米同盟の抑止力」路線へと進んだ。

集団的自衛権の行使を具体化する安保法制に国論は割れたが、政府は２０１５年の法案審議で、米軍の出動があり得る中国の台湾侵攻への対応を問われても仮定の質問だとして答弁を拒み続けた。しかし岸田内閣が22年末に決め、23年1月に岸田文雄首相が訪米してバイデン大統領に伝えた防衛力強化の主眼は、まさに中国の軍拡への対応だ。

さらに日本政府は、今回持つことを決めた敵基地攻撃能力について、集団的自衛権の行使の際にも使い得るとしている。そうした防衛力強化の最前線として、敵基地攻撃能力を備えるべく長射程化が進むミサイルの陸上配備が進んでいるのが、東シナ海に連なる沖縄県の南西諸島なのだ。

十数年越しに進められてきたこの日本の安保政策の転換にあたっては、本来、憲法の「平和主義」や「国民主権」との関係で、節目ごとに選択が深く問われるべきだった。にもかかわらず、政府は国民やその代表である国会に対する誠実な説明を避け続けた。結果として、沖縄では米軍基地の集中が続き、自衛隊の配備が進み、すべての日本人にとって平等であるはずの「基本的人権の尊重」は全うされていない。

こうしたこの国の宿痾は、その象徴である沖縄をめぐる日米密約のいびつさを直視することでしか治らないのではないか。そのために何を書くべきか――。

沖縄返還50年の２０２２年、「復帰の日」5月15日や沖縄戦犠牲者の「慰霊の日」6月23日を過ぎ、沖縄関連の報道がめっきり減る中でそんなことを考えていた頃の、信夫隆司氏との電話でのやり取りだった。

「阿達さんが継いだ」

沖縄返還に合意した１９６９年の日米首脳会談で、佐藤首相とニクソン大統領が署名した核密約。合意議事録と呼ばれるその文書の原本は、佐藤首相の次男で元衆院議員の佐藤信二氏が２００９年に明かした後、どうなったのか。信夫氏は話した。

「信二さんが亡くなった後、阿達《あだち》さんが継いだと聞きました」

「阿達さん」とは信二氏の娘の夫で、信二氏の秘書から自民党参院議員になった阿達雅志氏のことだ。

阿達雅志・参院議員。佐藤信二氏の娘の夫にあたる

２０２０~21年の菅義偉内閣では経済・外交担当の首相補佐官を務めており、私は時々話を聞いていた。22年10月からは参院外交防衛委員長を務める。

信夫氏と会った２０２２年9月の数日後に、たまたま阿達氏にアポイントを入れていた。東京・永田町の参院議員会館を訪ね、国際情勢や日本外交について意見を交わし、「ところで」と義父が明かした合意議事録の原本はいまどうなっているかを尋ねてみた。

「コピーはあるけど、原本の方はわからないんだ」。阿達氏はそう話すと、年季の入った封筒を持ち出し、いくつか書類を取り出した。

それが、本書の主題となる「若泉文書」だった。

特に目を引いたのが、「極秘　核を中心とした会談の具体的な進め方」という手書きの3枚紙だった。鉛筆とみられる几帳面な字で、ところどころ赤や青で強調されている。カラーなので原本に見えたが、これも合意議事録と同様、コピーとのことだった。

佐藤首相とニクソン大統領が会談のさなか、同席者に怪しまれぬよう別室に移り、合意議事録に署名する――。そんな核密約までの運びを前もって、噛んで含めるように佐藤首相に説明しておくためのシナリオだった。

「これはニクソン大統領（それにキッシンジャー特別補佐官）のみが承知」

「ニクソン大統領が自然な形で『プライベート・ルーム』に誘うまで待って頂きたい」

「新聞記者その他から質問を受けた場合には頭から否定する」

この内容からして、佐藤首相の密使としてキッシンジャー氏と極秘に交渉し、核密約を仕込んだ若泉氏以外書ける人はいない。

前述のように若泉氏は『他策』で「何事も隠さず　付け加えず」と宣誓し、他に裏付けとなる史料を一切公にしていない。それは若泉氏の覚悟だったが、告白の後も政府に核密約を否定され続ける余地を与えた。信二氏が2009年に核密約の原本を明かした後も、いまに至るまで、政府は外務省内に関連文書はないとして核密約の効力を否定し続けている。

そのことだけを考えても、この核密約へと至る首脳会談シナリオは重いと私は直感した。

阿達氏の部屋を辞した数日後、私は一連の「若泉文書」の記事化に理解を得ようと阿達氏に手紙を届けた。そこに、沖縄返還50年企画で朝日新聞に書いた二つの記事を添えた。

一つは2021年末に載った、沖縄返還交渉での佐藤首相のブレーン集団、沖縄基地問題研究会（基地研）に関するものだ。

佐藤首相が1969年3月に掲げた「核抜き・本土並み」方針は直前の基地研の提言に沿っているが、そのメンバーだった若泉氏が、緊急時の核兵器再持ち込みに言及しながら議論をリードしていたことが、非公開だった会議の記録からわかってきたという話だ。これは本書の後半で触れる。

もう一つは、最近の沖縄の米軍基地問題に関する2022年春の連載だ。菅前首相や仲井真弘多《ひろかず》元知事にインタビューし、菅氏が安倍内閣の官房長官当時から、県内で反対の根強い普天間飛行場の名護市辺野古沿岸への「県内移設」を推し進めつつ、バイデン大統領との首脳会談で直談判をするなどして別の基地の返還にこだわる姿を描いた。

2022年9月下旬、阿達氏から「若泉文書」記事化OKの連絡が入る。再び参院議員会館の部屋を訪ねた私は、阿達氏の言葉に耳を傾けた。1969年の日米首脳会談シナリオを含む様々な文書は、どのように引き継がれ、いまここにあるのか。なぜ原本ではなくコピーなのか。そして、阿達氏はなぜ明かすことにしたのか――。

第1章　見つかった「若泉文書」

（1）国際政治学者・若泉敬

引き継がれた5点の文書

２０２２年9月下旬、東京・永田町の参院議員会館の自室で、阿達雅志参院議員は一連の「若泉文書」を改めて私に示した。阿達氏の義父で、佐藤栄作元首相の次男の佐藤信二元衆院議員から引き継いだ5点。次の通りだ。

①沖縄返還交渉で佐藤首相の密使を務めた国際政治学者・若泉敬氏から、信二氏に郵送された書簡の原本、１９９４年4月29日付、便箋３枚。（全文は24～26頁に掲載）

②１９６９年11月の日米首脳会談のための佐藤首相向け核問題シナリオのカラーコピー、４枚。（全文は75～81頁に）

③１９６９年11月の日米首脳会談のための佐藤首相向け繊維問題シナリオのカラーコピー、５枚。（全

文は107~113頁に）

④佐藤首相とニクソン米大統領による合意議事録（核密約）の英文草案のカラーコピー、1969年11月21日付、2枚。

⑤右草案の手書きの日本語訳のカラーコピー、2枚。（全文は97~98頁に）

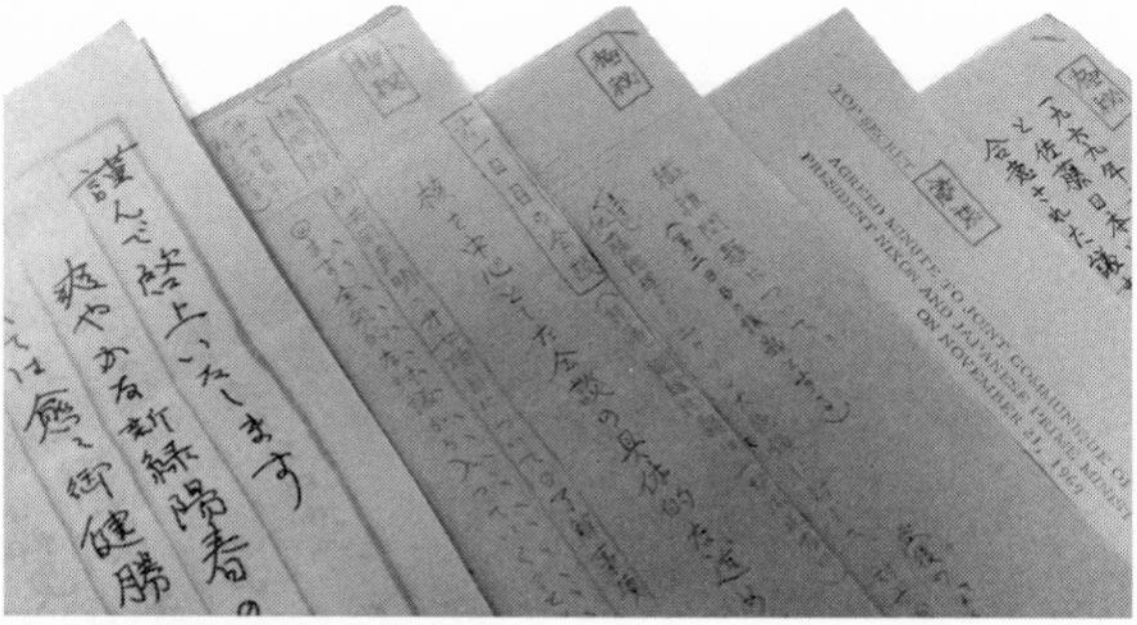

5点の「若泉文書」のコピー

これとは別に、⑥佐藤・ニクソン両首脳のフルネームの署名がある1969年11月19日付の核密約（合意議事録）のコピーも、阿達氏は保管していた。

この計6点がどうして手元にあるのか。阿達氏に尋ねた。

阿達氏は1983年に東京大学法学部を卒業し、住友商事に入社。米国留学でニューヨーク州の弁護士資格を得た。衆院議員だった信二氏の娘と結婚して東京・目黒の信二氏宅で同居し、退社後の2003年に信二氏の秘書となった。

阿達氏が信二氏から「若泉文書」を示されたのは2010年。信二氏が05年に政界を引退した後で、阿達氏が14年に政界入りする前にあたる。09年からの民主党政権下で、戦後の日米間の密約と指摘されてきた4件の調査を岡田克也外相が外務省に指示。その結果が10年3月に出た頃のことだ。

そのころ、戦後の日米間の密約と指摘されてきた4件を政府が調査するという異例の動きがあった。民主党政権が発足した2009年9月、岡田克也外相が外務省に指示したものだ。まず官僚十数人からなる調査チームが11月に結果をまとめ、沖縄返還時の核密約については関連文書は省内で見つからなかったと報告。さらに調査するため、岡田外相が設けた有識者委員会が動き出した。

その翌月の12月、信二氏は佐藤首相の遺品として沖縄返還時の核密約である合意議事録の原本を明かし、大きく報道された。翌10年1月には有識者委員会のヒアリングにも応じた。だが有識者委員会は3月、合意議事録が政府内で引き継がれた跡がないなどとして「必ずしも密約とは言えない」との結論を出した。

そのことについて、信二氏が自宅の書斎で阿達氏と話していた時だ。

「若泉さんが亡くなる前に、こういうものを送ってきたんだ」

一通の封書を、信二氏は阿達氏に示した。若泉氏が信二氏に送った前述の書簡（①）だった。

「若泉書簡」

便箋3枚に認められたその書簡（以下「若泉書簡」）の全文を掲載する。改行やルビは原文のママ。

謹んで啓上いたします

爽やかな新緑陽春の候を迎え、貴台におかれましては愈々御健勝のことゝ拝察し　大慶に存じ上げます

私儀

歴史へのさゝやかな一証言として、永年に亘り心魂を傾けました〝拙著《ライフワーク》〟を五月中旬公刊することに相成りましたので、先ず謹んで亡き御尊父様、御母堂様の御霊前に捧げる次第でございます

当方の已むを得ぬ事情で　私自身が　御墓前に額ずくことが出来ませぬので、信頼する私の〝同志〟に代って呈上のお詣りをしてもらうよう頼みました

いま改めて御写真集「自由を守り　平和に徹した佐藤栄作」等を拝見しながら、御生前に賜わりました御芳情を偲び　静かに御冥福をお祈りいたして居ります

貴台にも拙著を一冊謹呈（同封寸志にて）させていたゞきたいと存じます、なほそれに先がけその〝参考

資料〟若干を別便にてお届けしますので、もし御高覧を給われば幸いでございます
末筆ながら貴台はじめ御家族の皆様の益々の御清祥を一向お祈り申し上げます
敬白
平成六年四月二十九日
昭和天皇の御高徳を仰ぎつゝ、
若泉　敬
佐藤　信二様
侍史
追而　これと同趣旨の拙簡を御令兄様にも
啓上しましたことを申し添えます

4月29日という日付は、1989年に逝去していた昭和天皇の誕生日にあたる。「歴史へのささやかな一証言として公刊する」著書とは、この書簡の半月後の5月15日、72年の沖縄返還と同じ日に出版された『他策』のことだ。「その〟参考資料〟若干を別便にてお届けします」と終盤にある。

この「参考資料」こそが、前掲の②〜⑤の原本だった。すなわち、沖縄返還に合意する１９６９年の日米首脳会談で、沖縄の米軍基地に置かれてきた核兵器の扱いをはじめとする核問題と、日本の繊維製品の対米輸出規制をめぐる繊維問題という二大焦点を中心に、話をどう運ぶかを記した首脳会談シナリオなどの計４点だ。

首脳会談シナリオのコピー（②と③）を見ると、日本語で手書きされ、随所に加筆がある。返還後の沖縄への緊急時の核兵器再持ち込みに関する密約を意味する「議事録」の項目には、両首脳が同席者に悟られぬよう署名するための別室への移動について、「ニクソン大統領が誘うまで待って頂きたい」とある。明らかに佐藤首相向けに書かれている。

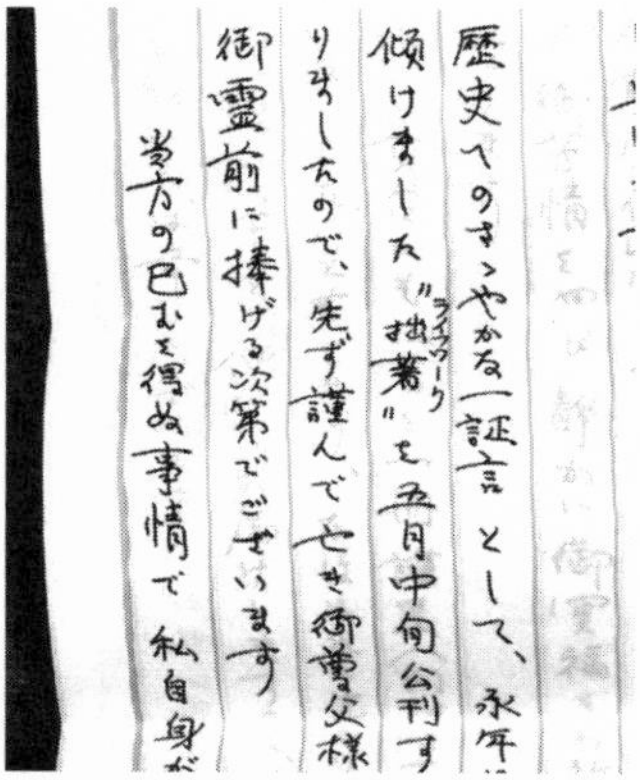
歴史へのささやかな一証言として、永年
傾けました"拙著《ライフワーク》"を五月中旬公刊す
りましたので、先ず謹んで亡き御尊父様
御霊前に捧げる次第でございます
当方の已むを得ぬ事情で　私自身が

1994年に若泉敬氏が佐藤信二氏に送った書簡のコピー

そして、若泉氏が信二氏にあてた書簡（①）と、首脳会談シナリオのコピー（②と③）、そして合意議事録草案の手書きの日本語訳（⑤）は、筆跡が酷似する。つまり首脳会談シナリオも若泉氏直筆とみられる（そこで②と③をまとめて以下「若泉シナリオ」と呼ぶ）。いずれも佐藤首相の密使としての若泉氏の仕事ぶりを生々しく伝えるものだ。

信二氏は阿達氏に、この「参考資料」４点（②〜⑤の原本）と、明らかにした核密約の原本（⑥の原本）について、「コピーをとっておけ」と言ったという。

なぜだったのか。阿達氏は、信二氏は多くを語らなかったと振り返りつつ、こう説明した。

国家機密に関わるこれらの文書をどう扱えばいいのか、保管してきた佐藤家には以前から様々な意見があった。明かすべきだ、いや伏せておくべきだ、いっそ捨ててしまえば――。そうした中で信二氏は「墓場まで持っていく」と語っていたが、外務省による日米密約問題の調査中に核密約の原本を公にした。その調査を見届けると、「これでこの話も表になった。他にもあるんだ」と阿達氏に語りかけ、一連の「若泉文書」を示した。

「密約に関するいろんな文書の原本が、佐藤家の中でどうなったのかはわからない。そうなることをおやじは予期して、私にコピーをとらせたのかもしれない」と阿達氏。2016年に信二氏が世を去った後も、「参考資料」4点（②～⑤）と核密約の原本のコピー（⑥）を、若泉氏からの書簡（①）とともに手元に置き続けたのだった。

阿達氏自身も最近、首脳外交を支える任にあった。2020年から約1年間、菅義偉首相の経済・外交担当補佐官を務め、ホワイトハウスでのバイデン米大統領との会談にも陪席した。かつて仕事や留学で培った米国人脈を生かし、菅氏が官房長官のころから助言してきた。

そんな立場から「若泉シナリオ」を見ていて、いま何を思うのか。

「首脳が外交で何かを判断するときは、国という非常に重いものを背負う。米国から日本への沖縄返還という判断は首脳会談でしかできなかった。それでも若泉さんがすごいのは、キッシンジャー大統領補佐官と本音で話を詰めて、そこまでのお膳立てをしたことです。二人とも両首脳の信頼を得ていたからこそでしょう」

しかも若泉氏はキッシンジャー氏と違って「密使」であり、佐藤首相と二人だけで核密約まで抱え込んだ。そんな経験がありますかと阿達氏に問うと、「いやいや」と笑いつつ、「若泉さんは国士だったんでしょう。沖縄返還のためには泥でも何でも全部のみ込む。栄作さんのためというより、信じるもののためにという感じを受けます」と語った。

そうした首脳外交をめぐる葛藤を伝える「若泉文書」を、阿達氏は私に明かした。佐藤家に様々な考えがある中で、かつては「明かさずに持っておくべきだ」と考えていたが、信二氏の娘である妻に相談し、自分にコピーを勧めた信二氏の意を汲もうと考えた。

「佐藤首相がとても重いものを背負い、悩みながら決断し、若泉さんが身命を賭して支えた。沖縄返還50年の節目に、そのことをきちんと伝えるべきだと考えました。首相の決断やそこに至る交渉には、すぐには出せない話がすごく多い。だから国民にはなかなか伝わらない。いろんなことを考え、悩み苦しみながらの決断だったということを、ある程度の時間が経ったところでわかってもらうことも大事なんじゃないか」

阿達氏は、正規の外交ルートでの交渉の行き詰まりから若泉氏に頼らざるを得なかった佐藤首相の苦悩も、「若泉シナリオ」に表れていると考える。

核密約について関知しないとする外務省が、日米密約調査の対象にした上で公表した極秘文書にも、こんなものがある。

1969年の首脳会談前月の10月、佐藤首相と外務省幹部らによる協議の記録だ。返還後の沖縄への緊急時の核兵器再持ち込みを認めるよう求める米政府と、自身が2年前に表明した非核三原則とのジレンマから、佐藤首相はこう漏らしていた。

「非核三原則の『持ち込ませず』は誤りであったと反省している。この辺で（日本は）不完全武装だからどうすべきかということをもっと明らかにすべきであろうかとも考えている。むつかしいことが多いがこの苦労は総理になってみないとわからない」

ワシントン入りした佐藤首相はホワイトハウスでのニクソン大統領との会談を控え、宿泊したブレアハウス（迎賓館）の一室でソファに座り、夜中までじっと腕組みをしていた。阿達氏はそんな話を、佐藤首相に同行した秘書から聞いたことがある。

2021年の菅首相訪米に同行した阿達氏も、首脳会談を控えた菅首相が、ブレアハウスで同じように黙考する姿を目の当たりにしていた。

若泉敬氏の生涯

その佐藤首相を沖縄返還交渉で密使として支えた若泉氏。ニクソン大統領の側近と核密約を練り、晩年に過去を告白して世を去る。いまも異彩を放つその生き様に向き合うことは、沖縄をめぐる日米密約を考える上で避けて通れない。どんな人物だったのだろう。

生まれは1930年3月29日。日本が国際社会からの孤立を深めつつ戦争へ向かう満州事変を起こす前年だ。福井県北部、鯖江《さばえ》と武生《たけふ》の両都市が連なる鯖武盆地から東の山あいにある、今立《いまだて》郡服間《ふくま》村横住《よこずみ》（現越前市横住町）の農村で幼少期を過ごした。

福井県教育委員会が県内の中高校生向けに2016年にまとめた冊子「ふるさと福井の先人100人」の最後に、若泉氏が紹介されている。

「若泉喜助とマツエの長男として生まれました。家は代々9反余りの水田を持つ農家で、名前の『敬』は、宰相であった原敬を父が尊敬していたことから『敬（たかし）』と名付けましたが、後に外国人でも発音しやすい『けい』を名乗るようになりました。子どもの頃は、一を聞いて十を知るといった利発な少年で、腕力を使わずとも皆を率い、村の大人や先生をてこずらせるガキ大将でした」

服間国民学校から福井市の福井師範学校へ進み、1945年、福井空襲を経験して敗戦を迎える。『他策』英訳版向けの序文原稿（96年3月に沖縄県与那国島で作成）に、若泉氏は記す。

「太平洋戦争の敗戦を十五歳の時に郷里福井の草深い山村で迎えた私は、その時受けたあまりに深刻な衝撃波を契機として、吾が志を立てた。広く世界に目を拓こうと希って、まず東京に出て学び、さらに英米両国にも留学し、爾来今日まで国際政治の一学徒の途を歩んできた」

1954年に東京大学法学部を卒業し、保安庁保安研修所（防衛省防衛研究所の前身）に務めた後、66年に京都産業大学教授に就任。国際政治学者として米国に人脈を築き、佐藤首相をはじめとする日本の政官界に外交・安全保障について提言などを行っていた。

1967年9月に自民党の福田赳夫《たけお》幹事長から、沖縄返還を掲げる佐藤首相のために「アメリカ最高首脳部の意向を打診してきてもらいたい」と請われた、と『他策』に若泉氏は記す。そこから、「一方でいままでどおりの研究生活、家庭生活を続けながら、少なくともそう装いながら、他方では同僚にも友人にもそして家族にすら察知されてはならない、隠密で孤独な舞台裏での闘いを同時に遂行する〝二重生活〟が始まった」（『他策』34、35頁）。

佐藤首相の密使となり、ニクソン政権が発足した1969年からはキッシンジャー大統領補佐官と極秘に接触。核問題と繊維問題で交渉を重ねた。90年代にかけての日米貿易摩擦の嚆矢《こうし》となる繊維問題は、69年の日米首脳会談では決着しなかった。若泉氏は72年の沖縄返還まで、5年近く水面下で米側と折衝することになる。

若泉氏が世を去る前月の1996年6月に作った遺言公正証書には、こうある。

「遺言者は、昭和二〇年（一九四五年）六月以降米国の軍事占領下にあった沖縄県について、昭和四二年（一九六七年）以来同県の返還をめぐる日米首脳交渉の枢機に深く関与し祖国復帰の悲願達成に微力を捧げたが、昭和四七年（一九七二年）五月その国事から解放された。そして、昭和五五年（一九八〇年）に東京より居所を郷里の福井県鯖江市に移し、爾後、国際政治学の研究と教育に従事してきた」

1994年に『他策』を出版。「永い遅疑逡巡の末」に「天下の法廷の証人台」に立つとの覚悟を冒頭の「宣誓」で示し、密使としての過去と核密約を明かした。

1996年に同県鯖江市の自宅で死去。死因は「がん性腹膜炎」と公表されたが、関係者らによると、自ら命を絶ったという。

生き様を胸に刻む人々

佐藤首相の密使として沖縄返還交渉を担い、若泉氏の人生は変転した。その過去は晩年の『他策』出版まで知られることがなかった。それでも若泉氏の素顔に接し、生き様を胸に刻む人々がいる。

阿達氏から一連の「若泉文書」を示された翌月の2022年10月、私は京都・岩倉に吉村信二氏を訪ねた。半世紀前の京都産業大学在学中から、教授だった若泉氏に師事し、亡くなる数日前まで親交をもった方だ。母校の職員を定年で辞めた後、京都で起業家や経営者、学生が集う「三縁の会」を主宰し、若泉氏の志を語り継いでいる。

「若泉書簡」のコピーを見る吉村信二氏

若泉氏が佐藤首相の密使として沖縄返還交渉に携わり、自身が練った1969年の日米首脳会談シナリオの結果を見届けたのは40歳前後の頃だ。当時、教育者としては何を語っていたのだろう。自宅で取材に応じた吉村氏に、そのあたりから尋ねた。

創立間もなかった京都産業大学で、若泉氏は総合雑誌に寄稿を重ねるなどして学生にもよく知られていた。海外出張もあって多忙な若泉氏は年に数回だけ特別授業をした。真新しいキャンパスで、600人ほど入る大教室はいつも満席。「学生との問答も展開する、白熱の道場でした」(吉村氏)。

若泉氏は、米国とソ連の両核大国がにらみ合う冷戦や、核実験に成功し文化大革命に揺れる中国の動きといった目下の国際情勢を説いた。“Think about the unthinkable.”と板書し、「考えられないことを考え抜く、勇気と実行」と説く。「脳漿《のうしょう》を絞り出す」といった強烈な言葉も時折飛び出した。

そして学生たちに「一歩前へ、半歩前へ、若い皆さん躊躇せず前進しよう」と呼びかけ、「日本の次代を担う青年として、毅然とした自主独立の精神をもって、わが人生、いかに生くべきかを真剣に問い続けてほしい」と声を大にした。

それは、自身がひそかに深く関わっていた沖縄返還交渉での所作でもあった。佐藤首相の「核抜き・本土並み」と、ニクソン大統領の「緊急時の核兵器再持ち込み」を両立させるため、キッシンジャー大統領補佐官と核密約を練った。首脳会談が近づくと、大統領選で公約したことだからとキッシンジャー氏に米国への繊維輸出規制を迫られ、対応に悩んだ。

若泉氏は授業で沖縄には触れなかった。ただ、「平和」の尊さと得難さをよくこう語った。

「日本は戦後、300万余名の尊い犠牲のもとに平和国家として生まれ変わった。その原点を忘れないでほしい」

「空想的平和主義は断固排する。お題目を唱えていて平和が来るわけじゃない。厳しいバランス・オブ・パワー、弱肉強食の世界なんだ」

吉村氏は福井県で高校3年生だった1969年、同郷の若泉氏に憧れて面会がかない、交流が始まる。大学に進むと研究室をたびたび訪ねた。若泉氏は、20代でのロンドン留学中に「はまった」という紅茶を英国製のカップに注ぎ、レーズンサンドやアーモンドタルトを振る舞った。くつろいだ雰囲気の中でふと語られた、「人間は記憶があると酒の席で漏らしてしまう。僕は記憶を消す訓練をしているんですよ」という言葉を、吉村氏は覚えている。

若泉氏は1970年、東京・新宿にあった京都産業大学の世界問題研究所（80年に京都市北区の大学キャンパスに移転）で所長となる。吉村氏は、学生自治会役員として東京の学生と交流するため国鉄の鈍行列車で上京した折に、たびたび訪ねて新聞記事のスクラップなどを手伝った。

大学4年生の秋の、忘れられない東京でのランチがある。若泉氏から、皇居外苑の千鳥ケ淵に近いホテルに呼ばれ、評論家の小林秀雄氏、作家の今日出海《こんひでみ》氏とテーブルを囲んだ。

小林氏　吉村さん、戦後日本は経済発展した。いちばん失ったものは何だろう。

吉村氏　道徳心とか家族主義とか、日本古来の……小林先生、ヒントをいただけませんか。

小林氏　勇気だよ。勇気があってこそ知性は光り、行動できるんだ。

そして小林氏は、「若泉先生は若いが勇気のある人だ。あなたも一緒に学んで、京都産業大学を立派な大学にしてください」と語った。

この「勇気」という言葉を、吉村氏は約20年後、若泉氏と向き合った切迫した場面で思い出すことになる。

晩年の姿

若泉氏は1972年に沖縄が返還され、佐藤首相が75年に亡くなった後も、密使としての過去を一切語らず、学者として活動を続けた。だが80年に突然東京から故郷・福井に引き揚げ、鯖江に居を構える。『他策』を世に問う準備に入った。

京都産業大学の職員となった後も交流を続けていた吉村氏は、その頃はまだ『他策』執筆について知らなかったが、若泉氏が授業では語らなかった沖縄への思い入れに気づいていた。沖縄の日本復帰後間もない1972年6月、若泉氏は妻で弁護士のひなを氏と、「慰霊の日」に合わせて沖縄戦の激戦地となった本島南部に入り、従軍看護をした女子学徒隊を慰霊する「白梅之塔《しらうめのとう》」を訪れていた。その際の話を、夫妻の写真を示して吉村氏に語っていたからだ。

そのひなを氏が1985年、54歳で心筋梗塞で急逝する。憔悴《しょうすい》する若泉氏の支えになれれば、と吉村氏は家族ぐるみで交流し、鯖江を訪ね続けた。若泉氏は92年に退職金をすべて大学に寄贈して依願退職。94年2月、若泉氏から吉村氏にはがきが届く。

「私は相変わらず遅れている〝ライフワーク〟の完成公刊を急ぎその仕事に没頭しながら、吾が人生の仕上げについても深く考えざるを得ない昨今であります」。そこには、「一粒の麦が地に落ちて死なないなら　ただひとつのまま残る　しかし死ねば多くの実を結ぶ」という聖書の言葉が添えられていた。

「覚悟された！」と吉村氏は思った。

若泉氏は前年の秋ごろから、身辺を整理するかのように愛用の腕時計や眼鏡、万年筆などを吉村氏に譲り、ひなを氏が学生時代に学んだ法律書も預けていた。吉村氏の自宅に届いた段ボール箱には、若泉氏が国内外の学者から贈られたサイン入りの著書など約50冊が入っていた。その年の末、鯖江を訪れた吉村氏は若泉氏に頼まれ、若泉邸向かいにある一軒家を使った書庫の脇の畑で、数百通の書簡を焼いた。吉村氏が若泉氏に送った手紙もあった。

「吾が人生の仕上げ」に触れた若泉氏のはがきを読んだ翌日、JRの特急「雷鳥」で鯖江に駆けつけた。若泉氏は吉村氏を穏やかに迎え、広いリビングに招き入れた。そして「感想を聞かせてほしい」と厚さ数センチの原稿の束を渡した。

沖縄県糸満市にある「白梅之塔」を訪れた若泉夫妻＝1972年6月。吉村信二氏提供

「これは禁断の書なんだ。僕は国賊と言われても仕方ない」

『他策』の原稿だった。吉村氏は鯖江駅前のホテルに泊まって原稿に目を通し、若泉氏が佐藤首相の密使だったことと、核密約を知る。翌日に若泉邸を再訪し、出た言葉が「若泉先生の勇気の発露ですね」だった。

大学4年生の時、若泉氏に誘われて小林秀雄氏とランチをともにし、「若泉先生は若いが勇気がある。一緒に学んで京都産業大学を立派にしてください」

と言われたのを思い出した。吉村氏の言葉に若泉氏はほほえみ、「これは沖縄返還交渉の再考察であり、真実の青史なんだ」と語った。

1993年に膵臓がんを告知されていた若泉氏は、94年5月に『他策』公刊にこぎつける。翌月の6月18日、吉村氏は鯖江を訪れ、家族から若泉氏への父の日のプレゼントとしてネクタイを届けた。若泉氏は「沖縄へ戦没者の慰霊の旅に出る」と話した。

6月25日、沖縄から戻った若泉氏から吉村氏に電話があった。「新しく生まれ変わりました。著書を世界に発信するために英訳版を出す決意をしました」。吉村氏が深く問わずに「お元気で何よりです」と言うと、またいらっしゃいと言葉をかけられた。

7月10日に再訪した吉村氏に、若泉氏は越前和紙5枚に手書きした文書とコピーを示し、「コピーを持っていてほしい」と話した。沖縄戦犠牲者の慰霊の日であるその年の6月23日付で、「沖縄県の皆様　大田昌秀知事、関係各位殿」に宛てた「歎願状《たんがん》」だった。

「書いたけれど金庫に忘れていった」という若泉氏に、吉村氏はあれこれとは問わず、「新しいお仕事にチャレンジされるのは素晴らしいじゃないですか」と語りかけ、『他策』の英訳版公刊に向けて励ました。若泉氏は澄んだ目で、明るい表情だったという。

若泉氏は沖縄で何を「歎願」しようとしていたのか。吉村氏から提供された歎願状のコピーの全文を掲載する。改行は原文のママ。

沖縄県民への歎願状

歎願状

平成六年（一九九四年）六月二十三日

若　泉　　敬（印）

沖縄県の皆様
大田昌秀知事、関係各位殿

私議

沖縄戦全戦没者を慰霊する極めて重要なこの日、拙著「他策ナカリシヲ信ゼムト欲ス」の冒頭に記した「鎮魂献詞」を現地沖縄で斎戒して了えました今、拙著の公刊によって沖縄県民の皆様に新たな御不安、御心痛、御憤怒を惹き起した事実を切々自覚しつつ、一九六九年日米首脳会談以来歴史に対して負っている私の重い「結果責任」を執り、武士道の精神に則って、国立沖縄戦没者墓苑において自裁します。

その結果、沖縄戦で散華された尊い御霊総てを祀るこの聖地を穢し、かつ沖縄県の皆様、大田知事はじめ関係各位（並びに、お詣りのため私に同行して下さった方々）に甚大なるご迷惑をお掛けいたしますことを御赦し賜わりたく歎願いたします。

唯々申し訳無く存じ、跪拝して只管御宥恕、御慈悲を仰ぐ次第でございます。御詫びするに言葉がありません。

然しながら私は、沖縄県民の皆様の御平安と御多幸をそして沖縄県の御発展を心底より祈念しておりますことを、ここで申し添えさせていただくことを何卒お許し下さい。

猶、身勝手なことを一方的にお頼み申しますが、関係各位に対し、検死後この地沖縄において可及的速かに荼毘（火葬）に付して下さいますようその御許可を給わり、同行して下さいました各位がその実行をなさっていただきたく、御願い申し上げる次第でございます。その上、私の遺骨の大部分は直ちに平和祈念公園の摩文仁の海岸から太平洋に流していただきたいと強く希望しております。私の魂魄のこの祈りと希いを御聴許下さいますよう、皆様に合掌し歎願いたします。

（以下は全くの私事にて恐縮でございますが、御同行下さいました方々に対し、残りの遺骨若干を郷里にお持ち帰り願って、先祖代々の墓等に納骨していただければ有難いことと存じ上げます。それと関連して更に一言私事を述べさせて頂きますと、私の不動の所信に従い、私の葬儀告別式等は一切無用にて、家族、御友人の皆様の御恩情に深く感謝しながら、それらは全てかつ永久に固く辞退する者であります）

合掌拝礼

追而

この嘆願書に、私の住民票、印鑑登録証明書を添付いたします

若泉　敬

その後も時折鯖江を訪れる吉村氏に、若泉氏は密使のころの話もするようになった。

「ホワイトハウスでのキッシンジャーとのやり取りはメモが取れない。ホテルに帰ってシャワーも浴びず、一言一句忘れてはいかんと、だーっと書くんですよ。マイクロテープレコーダーの試作品が出たころだけど、性能はあまりよくなくってねえ……」

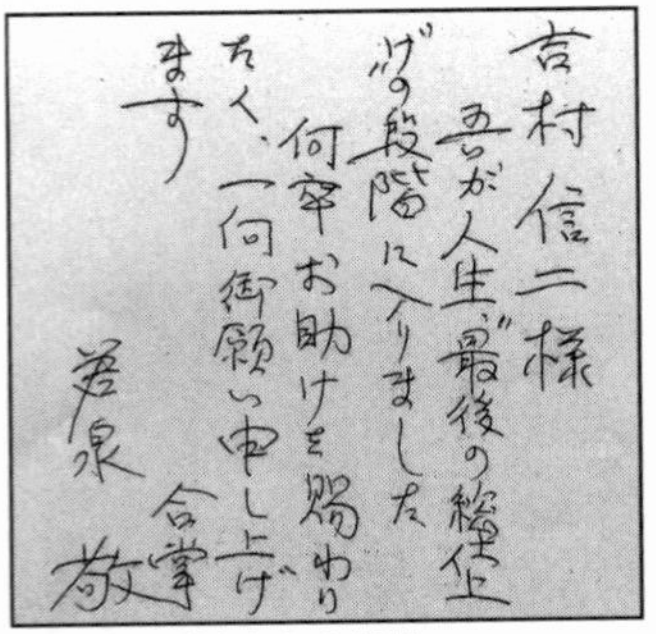
吉村信二様
吾が人生〝最後の総仕上
げの段階に入りました
何卒お助けを賜わり
たく、一向御願い申し上げ
ます
合掌
若泉 敬

吉村氏に手渡された紙片

吉村氏に譲られた腕時計は、若泉氏がキッシンジャー氏とホワイトハウスで丁々発止をした時につけていたという話もあった。２人が語らうリビングのテーブルには、いつも沖縄の地元２紙と泡盛の大きな瓶《かめ》が置かれていた。

しかし、若泉氏は衰えていく。吉村氏は１９９６年７月23日、鯖江で入院中のところを訪ねた。若泉氏はベッドで半身を起こし、いつものようにほほえんだ。頭にきりりと巻かれていたのは、京都の祇園祭の山鉾《やまほこ》巡行で「長刀鉾《なぎなたほこ》」の曳《ひ》き手が使う手ぬぐい。前に吉村氏が贈ったものだった。

若泉氏は吉村氏の手を強く握り、紙片を渡した。手書きで、「吉村信二様　吾が人生〝最後の総仕上げ〟の段階に入りました　何卒お助けを賜わりたく、一向御願い申し上げます　合掌　若泉　敬」とあった。やせ細り、凝り固まった肩を吉村氏はもんだ。「きもちいいなあ。吉村さんありがとう」と返ってきた。

4日後、若泉氏は自宅に戻っていた。『他策』の英訳版公刊のため関係者らと契約手続きを終えると、世を去った。

若泉氏の半生の語り部を自任する吉村氏が、こだわり続けることがある。

「佐藤首相の密使とよく言われますが、どうか特使と呼んでいただきたい。密命ではなく、先生自身、特命を受けたと何度もおっしゃっていた。国家・国民のため、沖縄の祖国復帰・同胞のために、公に生きる謙虚さ。まさに身を殺して仁を成すご生涯でした」

「沖縄返還交渉を再考察する」と語った若泉氏は「何事も隠さず　付け加えず　偽りを述べない」と宣誓して『他策』を世に問うた。公刊を目前にして、その内容を裏付ける史料を、かつて仕えた佐藤首相の次男信二氏に送っていた。そのコピーが今回、「若泉文書」として明らかになった。

吉村氏は語る。

「佐藤首相の人格に触れながら国家の大業を成そうとした思い。それを理解していただければとご子息にこの史料を送ることが、後世に真実を伝えることになる。そこに先生にとっての救い、もっと言えば安堵があったんじゃないでしょうか」

「著書以外に語らないと言いながら、史料は継がれ、こうして世に出ました。著書には『自ら進んで天下の法廷の証人台に立』つとあります。若泉敬先生は本当にその通りの、勇気と覚悟のお人でした」

伝記の作者を訪ねる

もう一人、若泉氏の晩年を支えた人物に話を聞く。

若泉氏の伝記『「沖縄核密約」を背負って　若泉敬の生涯』（岩波書店）を書いた、後藤乾一《けんいち》・早稲田大学名誉教授。『他策』の編纂をひそかに支え、若泉氏と深く向き合った歴史学者だ。

今回見つかった「若泉文書」の中に、若泉氏が亡くなる2年前の1994年4月、佐藤首相の次男信二氏に送った書簡があったことはすでに述べた。

取材に応じる後藤乾一・早稲田大学名誉教授

「〝拙著《ライフワーク》〟を五月中旬公刊することに相成りましたので、先ず謹んで亡き御尊父様、御母堂様の御霊前に捧げる次第でございます」

　佐藤首相の密使としての過去を明かすことになる著書を、東京の墓前に捧げる。信二氏にそう伝えつつ、「当方の已《や》むを得ぬ事情で私自身が御墓前に額ずくことが出来ませぬので、信頼する私の〝同志〟に代って呈上のお詣りをしてもらうよう頼みました」と記す。上京できない「やむを得ぬ事情」とは何だったのだろう。

　２０２２年10月、私は「若泉書簡」のコピーを手に、東京・世田谷に住む後藤氏を訪ねた。後藤氏は若泉氏の字を懐かしそうに眺めながら、こう語った。

「やむを得ぬ事情というのは、若泉さんの著書にある通りでしょう。そこに記したことがすべてであり、佐藤首相の墓前でも加えることはないという意思です」

「それと健康状態です。『出版を急がねばならない理由ができた』と、１９９４年の年明けに口にされた。本当にやせられて……。若泉さんが主治医から93年の晩秋に膵臓がんを告知されていたと私が知ったのは、96年の没後でした」

　若泉氏は１９７２年の沖縄返還後、前述のように東京・新宿にあった京都産業大学の世界問題研究所の所長を続けていたが、80年にその職を辞して故郷の福井県に戻る。居を鯖江に構え、「執筆のための膨大な資料・記録等の整理を系統的に進めながら、著作の想を練ることに寧日なき日々を過ごしていた」（後藤氏の伝記）。

若泉氏が著書の構想を旧知の後藤氏に明かし、編集への協力を頼んだのは１９８９年9月だった。92年に大学を依願退職し、「無畏無為庵《むいむいあん》」と名付けた自宅で執筆に専念した。畏れること無く、為すこと無く――。沖縄が返還されてちょうど22年後、94年の5月15日に出版にこぎつけた。

では、若泉氏が佐藤首相の墓前に供えるよう著書を託した「同志」とは誰か。これは後藤氏の伝記に答えがある。出版を担った文藝春秋の編集者、東眞史氏だ。後藤氏は「若泉さんは東さんに、公刊後に誤字脱字が一つでも見つかったら全冊廃棄をお願いしますとまで言っていた。東さんは全身全霊を込めてクリアされました」と振り返る。

「若泉さんの『同志』は、主義主張を超えて信頼する人というニュアンスですね」。そう語る後藤氏も、「同志」の一人だった。

「国事犯」としての「独演」

『他策』で核密約を明かした若泉氏は、「国事犯」として国会に参考人招致されることを覚悟した。それに備えて出版前に想定問答を練り、「きわめて限られた、彼が『同志』と呼ぶ人々の前でそれを独演してみせた」（後藤氏の伝記）。その「独演」に後藤氏自身が立ち会ったのは、『他策』の編集が終盤にさしかかったころだ。

後藤氏は1989年から94年にかけて福井県を11回訪れ、毎回5〜10泊した。若泉氏が予約したホテルの大きめのツインルームに泊まり、そこが仕事場となった。

若泉氏はその部屋に、原稿用紙に書いた著書の原稿をA3判に拡大コピーしたものと、自宅から運んだ辞書や人名辞典など様々な資料を置いていった。後藤氏はその資料も参照しながら、原稿に朱を入れ、コメントを書き込んでいった。後藤氏がホテルを去る際に若泉氏が原稿を受け取りに現れ、次の後藤氏の福井訪問までに書き直してきた。

「すべて手書きで、『一字懸命』の繰り返しでした」。その原稿が完成に近づいた頃のことだ。後藤氏が目を通した原稿を若泉氏にホテルの部屋で渡したその場で2、3回、2人で椅子に向き合って座ることがあった。その場で若泉氏の「独演」を目の当たりにすることになった。

若泉氏が『他策』の出版後に国会に参考人として呼ばれたという想定で、質問をする議員の役も兼ねた。若泉氏が問い、若泉氏が「委員長」と手を挙げて答え続ける一人二役。後藤氏は「孤高な真剣さには鬼気迫るものがありました」と振り返る。

『他策』ですべてを語ったはずの若泉氏は、国会で何を語りたかったのか。

『他策』の「跋《ばつ》」(あとがき)には、戦後日本が「物質金銭万能主義に走り」、「精神的、道義的、文化的に〝根無し草〟に堕してしまったのでは」というくだりがある。後藤氏はそこから、「著書で事実を明かしたのは、『愚者の楽園』への警鐘と沖縄への贖罪からだ、ということだったのではないか」と考える。

「佐藤首相は沖縄の『本土並み返還』を唱えたが、返還後も米軍基地が集中し、県民が危険にさらされる状況が放置されている。若泉さんには、この本で国民が目覚めてほしい、国家とは、沖縄とは何かを考えてほしいという強い気持ちがありました」

だが、政府は核密約の存在を認めなかった。1994年5月16日の参院本会議。前日に出版された若泉氏の『他策』をふまえた質問で、核密約について調査を求めた共産党の市川正一議員に対し、非自民連立政権の羽田孜《つとむ》首相はこう答弁した。

「御指摘のような密約は存在しておらない。当事者とされております佐藤総理大臣自身を含む歴代の総理大臣、また外務大臣が、密約は存在してない旨国会の場で繰り返し明らかにしている。したがって、御指摘のような調査や報告といった問題はそもそも生じ得ない」

5月20日の参院予算委員会では、柿沢弘治外相が「沖縄返還交渉は正式の外交チャネルを通じまして政府間で誠実に交渉が行われ最終的に合意を見た。仮に何らかの非公式チャネルが存在したとしても、交渉の最終結果に影響があったとは考えておりません」と述べた。

翌年に沖縄で米軍基地の兵士による少女暴行事件が起きた。返還から四半世紀近く経っても米軍に人権を脅かされる沖縄の人々。その怒りが大きなうねりとなっても、若泉氏が国会に呼ばれることはなかった。「若泉さんは落胆していました」と後藤氏は言う。

ただそこには、若泉氏自身が招いた残酷な矛盾がある。

佐藤首相は、東アジアで米国の軍事力による抑止力を保つためだとして、返還後の沖縄への緊急時の核兵器再持ち込みを認めつつ、それを密約にして「国民が目覚め」る機会を奪ったまま、1975年に死去した。その核密約が交わされた69年のニクソン大統領との会談シナリオをキッシンジャー大統領補佐官と練ったのは、ほかならぬ若泉氏だ。

沖縄返還後、キッシンジャー氏は1973年にベトナム和平への貢献を理由に、佐藤氏は74年に非核政策などを理由に、ノーベル平和賞を受ける。その約20年後、後藤氏は福井県で『他策』編集の合間に若泉氏と雑談をしていて、こんな言葉が笑顔から漏れたのを覚えている。

「『知っているのは四人だけ』のうち、二人が平和賞をもらっちゃった」

「知っているのは四人だけ」は『他策』(288頁)に出てくる。キッシンジャー氏が若泉氏と極秘交渉に入るにあたり、我々と佐藤・ニクソン両首脳の4人の間だけの話だ("Just four of us!")と確認した時の言葉だ。

矛盾を抱え込んだ若泉氏が遺作に託したであろう思いを、後藤氏は語る。

「明治時代の外相、陸奥宗光《むつむねみつ》の『蹇蹇録《けんけんろく》』からとった書名『他策ナカリシヲ信ゼムト欲ス』には、若泉さんの自負と自責の念が込められています。沖縄返還のために他策はなかったと信じたいが、密約で県民を欺き、しかも沖縄の米軍基地負担は変わらない。巻頭には『自ら進んで天下の法廷の証人台に立つという『宣誓』があります。自らの手による密約を明かし、沖縄返還はこれでよかったのかを世に問うということです」

若泉氏が佐藤首相の遺族に宛てた書簡とは別に送った、首脳会談に臨む佐藤首相のための「若泉シナリオ」のコピーも見てもらった。

「筆跡から、間違いなく直筆と断定できる。ここまで周到だったのかと驚きます。若泉さんは39歳でこういう仕事をされていた。不遜な言い方になりますが、総理の頭の中に徹底的にたたき込まないといけないという使命感が伝わってきます」

そして、こう続けた。

「密使としての相当な量の史料をほとんど焼いた中でこれを残したのは、自分の役割の象徴という思いからでしょうか……。かつて仕えた佐藤首相の息子にそれを届けた。絞りに絞り、考え抜かれてのことだったのでしょう」

ある官僚との「一瞬」

若泉氏は佐藤・ニクソン両首脳の核密約を告白する『他策』を1994年に出したが、外務省を外した極秘交渉の徹底ぶりゆえに政府は「関知しない」とする立場を貫き、若泉氏の提起は宙に浮いた。

今回、両首脳を核密約へと導く「若泉シナリオ」などのコピーが見つかったが、この一連の文書を若泉氏が『他策』出版当時に併せて明かしていれば、主張は説得力を増しただろう。だが若泉氏は『他策』ですべてを語るという姿勢に徹し、求められれば語る唯一の場として心構えをしていた国会から声がかかることはなかった。

そんな晩年の若泉氏の葛藤を垣間見た人をもう一人紹介する。元警察官僚で、2022年に原子力規制庁長官を退任した荻野徹氏だ。かつて福井県に出向中、若泉氏との間で「鮮烈に記憶に残る一瞬の交わり」があったという。

荻野氏は1994年4月から1年4カ月、福井県警で警務部長を務めた。赴任時に警察庁の先輩から若泉氏について、「隠棲したが憂国の士でもある立派な方がいるので、ご指導いただくとよい」と助言を得ていた。前任者からの引き継ぎでは、自治省や警察庁などから福井県に出向する官僚数人で毎年若泉氏の話を聞く場があり、「長時間正座で謹聴」とのことだった。

若泉氏は、荻野氏が赴任した翌月に『他策』を出版していた。「一種の暴露本でもあるので、警察内部では、あの若泉先生がどうしてなどといぶかる声もあった」と荻野氏。その年、若泉氏を迎える会合に初めて出席すると、「先生は実に柔和で、和やかな夕べでした」。正座することも、沖縄問題や『他策』が話題になることもなかったという。

だが、翌95年の春に「雷が落ちました」と振り返る。

警察庁の先輩で親しい沖縄県警の警備部長から電話があった。毎年6月の沖縄戦犠牲者の追悼式典に村山富市首相や土井たか子衆院議長が参列する。その宿となるホテルのある階をすべて貸し切る予定で前年から調整していたが、手違いで一部屋に先約があり、福井県鯖江市在住の人だった。ホテル側は格上げした部屋を別に用意するので階を替わってほしいと頼んでいるが、埒が明かない。その人は例年追悼式典に参列し、その都度翌年の予約をしている定宿なので変わるつもりはないと譲らない。福井県警から警備上の必要性など縷々《るる》説明し、丁重にお願いしてもらえないか――という趣旨だった。

その相手が若泉氏だった。荻野氏はまず住所を管轄する鯖江警察署長を通じて打診したが断られ、自身で訪問のアポを得るべく電話した。すると、「君は私の本の冒頭、『鎮魂献詞』を読んだか。読み上げてみよ。意味がわからないのか」と大変な剣幕で断られた。

その個所を『他策』から記す。

鎮魂献詞

一九四五年の春より初夏、
凄惨苛烈を窮めた日米沖縄攻防戦において、
それぞれの大義を信じて散華した
沖縄県民多数を含む
彼我二十数万柱の総ての御霊に対し、
謹んで御冥福を祈念し、
この拙著を捧げる。

当時の福井県警本部長は運輸省から出向していた馬場耕一氏だった。荻野氏が相談すると、「年長の方でもあり、総理案件でもあるから自分も行こう」。荻野氏は改めて若泉氏に電話し、何とかアポイントを取り、馬場氏と若泉邸を訪れることになった。

若泉氏は家の外で出迎えた。屋根を指さし、「あれがわかりますか。シーサーというのです。沖縄では（守り神として）どこの家にもあります」などと、まずは和やかな雰囲気だった。だが家に上がり本題に入ると雰囲気は一変し、村山首相や土井衆院議長のためにホテルの部屋を替わってほしいという要望は一顧だにされなかった。

若泉氏はこう語った。

「私は沖縄本土復帰以来、戦没者の慰霊のため沖縄を訪れている。沖縄国会の時、彼ら（社会党）はどういう行動をとったか知っているか。断じて許すことはできない」

馬場氏が「社会党の村山や土井ではなく、日本国総理大臣、日本国衆院議長としてお譲りいただけないか」と頼んでも、だめだった。

若泉氏の怒りに触れた社会党の「沖縄国会でとった行動」とは、日米間の沖縄返還協定に対する国会承認に徹底して反対し、承認が事実上決まる1971年11月の衆院本会議での採決に欠席したことだろう。野党第一党の社会党は、沖縄の72年返還を明記した69年日米首脳会談後の共同声明を、「日米安保体制の維持強化により、米国の極東戦略への協力を代償として沖縄返還を行う意図がありありと表れている」と批判し、返還協定承認に反対。自民党が衆院の特別委員会で承認を強行したため、本会議を欠席していた。

ただ、この衆院本会議には、若泉氏が深く関わった佐藤首相とニクソン大統領による核密約との関係においても、深い「傷」が刻まれている。自民党は、公明党や民社党といった返還協定承認に反対の他の野党が出席だけでもするようにと働きかけ、この3党で決議案を提出。政府に対し、佐藤首相が唱える非核三原則を遵守し、返還後の沖縄に米国の核兵器が存在せず、持ち込ませないことを明らかにし、そして沖縄の米軍基地の速やかな整理縮小を求めるものだった。

その衆院本会議での決議案可決を受け、佐藤首相は非核三原則の遵守や沖縄の米軍基地整理縮小への取り組みを表明した。「核の持ち込みを本土、沖縄を問わず拒否することは、政府が従来より明らかにしている。この機会にさらに改めて確認する」と語っている。核密約をふまえれば嘘の上塗りと言える首相発言が、国会議事録に刻み込まれることになった。

佐藤首相は沖縄返還を見届けて辞任した2年後の1974年10月、日本人で初めてノーベル平和賞を受けた。「太平洋地域の平和確立のために核拡散防止、核兵器反対などを通じて示した国際的和解政策の顕著な推進者」としての受賞だった。非核三原則と「核抜き・本土並み」の沖縄返還を掲げながら、それに反する核密約は伏せたまま、75年に死去した。

そして、若泉邸で若泉氏と荻野氏らが向き合ったこの時は、『他策』が世に出て1年。沖縄返還からは23年が経っていたが、在日米軍基地は沖縄に集中したままだった。

社会党に向けられた若泉氏の怒りには、『他策』にあらわな沖縄の人々に対する自身の罪の意識の裏返しとしてのいらだちも混じっていたのだろうか。とにかく、馬場氏と荻野氏は諦めざるを得なかった。その話題が終わると、若泉氏は穏やかな顔に戻った。「書庫を御覧に入れましょう」と、若泉邸の向かいにある一軒家ほどの大きさの建物に二人を案内した。

かつては蔵書約3万冊と言われた。だがその時、並んでいた移動式の書架に本はなかった。若泉氏は「寄贈等はせず、すべて廃棄にした」と語った。

後日、『他策』を読んだ馬場氏が「荻野さん、これに気づくべきだった」と話しかけてきた。最終章「歴史の闇の奥深く」に、「ここで、断截し、私は筆硯《ひっけん》を焼く」とあった。荻野氏の脳裏に、がらんどうの書庫の冷たい空気と、淡々とした雰囲気の記憶が蘇った。

「若泉氏は佐藤首相の密使として沖縄返還交渉に関わることで、ご自身の学者生命を犠牲にされた。歴史の証人としてご著書を上梓するにあたり、学者として命と同じくらい大切な書籍を、文字通り焼かれたのだと理解しました」と、荻野氏は話す。

「権力の魔性」に毒されず——

『他策』を読んだ荻野氏は1995年8月、東京へ帰任する間際に若泉氏に手紙を送り、「(沖縄の)祖国復帰に心血を注いだ佐藤首相とその密使」への評価を伝えた。越前和紙3枚に認《したた》められた返事が、同月22日付で送られてきた。

『他策』への感想を寄せた読者に対する若泉氏の返事が見つかるのはまれだ。1993年にがんを告知されて約2年。文面は荻野氏の「慧眼」への感謝を伝えながら、こう締めくくられている。

「貴兄が〝権力の魔性〟に毒されず、欲を捨て、二十一世紀の日本のナショナル・リーダーとして大成して下さることを希って止みません」

「隠棲の身ですが、日本に眞の人物・人材が拂底しているところに〝自滅亡国の兆〟を観て、目下心身共に聊《いささ》か銷沈して居ります」

若泉氏65歳、荻野氏37歳。佐藤首相と、密命を帯びた頃の若泉氏とほぼ同じ年齢関係だった。やはり強烈な人だな、というのが当時の荻野氏の印象だった。

１９９５年の春、沖縄返還協定に反対した社会党を「許せない」と語り、夏には荻野氏への手紙に「権力の魔性」と記した真意は何だったのか。

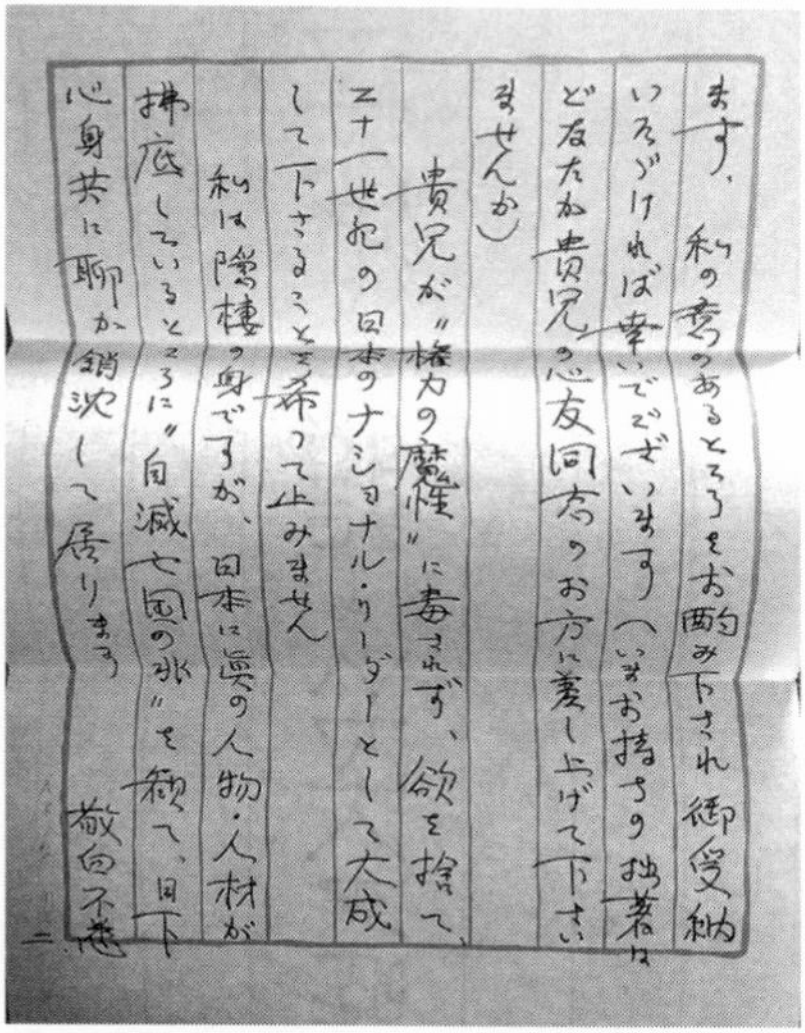
ます、私の意のあるところをお酌み下され御受納
いただければ幸いでございます（いまお捨ての拙著は
どなたか貴兄の心友同志のお方に差し上げて下さい
ませんか）
貴兄が〝権力の魔性〟に毒されず、欲を捨て、
二十一世紀の日本のナショナル・リーダーとして大成
して下さることを希って止みません
私は隠棲の身ですが、日本に眞の人物・人材が
拂底しているところに〝自滅亡国の兆〟を観て、目下
心身共に聊か銷沈して居ります
敬白不悉
二.

若泉敬氏から荻野徹氏に宛てた手紙。“権力の魔性”とある

社会党は結局、日米安保体制を認めて自民党と連立政権を組んだが、それだけの理由だっただろうか。佐藤首相は非核政策を進めたとしてノーベル平和賞を受賞し、核密約まで交わして返還された沖縄では在日米軍基地の集中が続く。手紙をやり取りした翌月には、米兵による少女暴行事件が起きた。

そして、「権力」に深く携わって変転した自身の人生――。こうしたことは『他策』では深く語られていない。ただ、手紙にある「自滅亡国の兆」に関しては、あとがきに「日本は『戦後復興』の名の下にひたすら物質金銭万能主義に走り、〝愚者の楽園〟と化し、〝根無し草〟に堕してしまったのでは」というくだりがある。

そもそも、「権力の魔性」というのは聞き慣れない言葉だ。国立国会図書館のサイトで検索すると、所蔵の雑誌記事で登場するのはほとんどが創価学会の関連。その中に池田大作会長（現名誉会長）による「権力の魔性」という題の随想がある。

「人間は権力をもつと、それだけで自分が偉くなったように錯覚するものらしい。権力者のなかで傲慢さからまぬがれたものがまれであるように、この権力の魔性からまぬがれたものはきわめてまれである」「権力をもつ者のこのような錯覚がいかに恐ろしい作用をするかは、実際に我が身を権力の刃の前におかれた時に初めてわかる」。池田氏はこう述べ、自身が１９５７年の参院大阪補選で戸別訪問を創価学会員らに指示したとして公職選挙法違反で起訴され、62年に無罪となった事件を振り返っている。

掲載は『潮』の１９６９年12月号。若泉氏が仕込んだ核密約が日米首脳会談で交わされたころだが、その数カ月前の史料で、池田氏と若泉氏の接点が確認できるものがある。イギリスの歴史家、アーノルド・トインビー氏が9月に池田氏に送った手紙だ。

その手紙は、東京・信濃町の創価学会総本部に保存されている。対談をしたいが高齢なので池田氏をロンドンに招きたいという内容で、理由を書く中で唯一出てくる人物が若泉氏だ。「１９６７年の先の訪日の際に、人々は私に創価学会とあなた（池田氏）のことを語った。良き友人であるワカイズミ　ケイ教授からあなたについて多くを聞き、あなたの思想と業績にとても関心がある」と記されている（原文は英語。訳は筆者）。

若泉氏は日米首脳会談で沖縄返還に合意した翌年の1970年、池田氏は72年にそれぞれ訪英してトインビー氏と対談し、本を出している。創価学会によると、若泉氏は東京・新宿にあった京都産業大学世界問題研究所で所長になった1970年から、故郷の福井へ戻る80年までに、池田氏と信濃町で何度か会っていたという。若泉氏死去から3年後の99年、創価学会を支持母体とする公明党は自民党と連立政権を組み、いまに至る。

権力の奢りと危うさを説いていた池田氏との交流が、権力の中枢に関わった若泉氏にどう影響したのか。それぞれが語った「権力の魔性」の意味は重なるのか――。『他策』や後藤乾一氏による若泉氏の伝記に池田氏の名はなく、他の史料からの推測もなかなか難しい。

若泉氏の晩年に荻野氏が『他策』への感想を伝え、「権力の魔性」に囚われぬようにとの返事を受け取っていた話に戻る。「若泉文書」に関する私の記事を読んだ荻野氏からその話を聞いた2023年2月、後藤氏を改めて訪ね、その手紙を見てもらった。

「若泉氏に届いた『他策』への感想は多く見たが、返信を見たのは初めてです。当時の若泉氏は末期がんと闘いながら『他策』の英訳版序文執筆に取り組んでいた。『権力の魔性』という強い喚起力をもった直截な表現に、切羽詰まった焦りを感じます。遺作で訴えた『愚者の楽園』という日本への警鐘が、『自滅亡国の兆』にまで昇華されていることに、懊悩《おうのう》の深さが感じられてなりません」

「『権力の魔性』という言葉は、自身は『毒されず』に沖縄返還実現へ信念を貫いたという自負から出たのだと思います。ただ、核密約の結果責任の重みを吐露した『他策』を読んだ若い官僚に宛てた手紙でもあり、意味深長です。最晩年に行き着いた地点なのでしょう」

1996年7月に若泉氏が死去した後しばらくして、遺言執行者からの郵便が、東京に戻っていた荻野氏に届いた。

「感謝寸言」とある封筒には、「この世を去るにあたって、若泉敬」からのメッセージが入っていた。「師アーノルド・トインビー先生の御本を呈上させていただきます」と述べ、「先に妻の死去に際してお届けしました御禮状も重ねて同封させていただきますことを、お許し下さい」と追記されていた。

弁護士だった妻ひなを氏は、前述のように1985年、沖縄戦犠牲者の「慰霊の日」にあたる6月23日に急逝。その際に若泉氏が出した「御禮状」には、「正にこの文字通りの妻の人生でございました」として、ひなを氏が75年度の「訴廷日誌」に残した自筆の詩が載っていた。

生あるかぎり潑剌と
生ける精神をもつて
働らきつゞけ、仕事の中で
斃れる。

花見れば　花のうつくし

雲ぞ恋しき　わが生き
をりて

若泉氏は晩年に『他策』を世に問うた後、妻の思い出話になると、遺品を整理中に見つけたこの詩に触れ、「仕事の中で斃《たお》れる、は男の本懐だよね」と語った。長年師事した吉村氏が若泉邸を訪ねて一献傾けると、その言葉がこぼれたという。

故郷を訪ねて

若泉氏の妻ひなを氏のこの詩が、夫妻が眠る福井県鯖江市の墓にある石碑に刻まれている、と後藤氏の伝記にはある。私は２０２３年の年明けに「若泉文書」について朝日新聞で報じた後、その墓に参り、ゆかりの地と人々に接し、素顔を垣間見たいと思った。

記事を読んでいただいていた「ゆかりの人々」は、快くアポイントに応じてくれた。冬の福井を駆け足でめぐることにした。

1月11日夕に小松空港に着き、レンタカーで鯖江のホテルへ。翌日の明け方、ホテルを出ようと屋外の駐車場へ行くと、フロントガラスが凍っていた。快晴に恵まれたがゆえの放射冷却。慌ててホテルでお湯の入ったじょうろを借り、溶かして出発した。

ＪＲ鯖江駅から東へ数キロ。市営総山《そうやま》墓園がある小高い山の中腹まで登り、若泉夫妻の墓にまず参っ

福井県鯖江市にある若泉夫妻の墓と、妻の言葉が刻まれた石碑

た。地球儀を模した球形の石に「志」と記され、支えるように二匹の小さなシーサーがいた。供えられて間もないであろう左右の花束が、モノトーンの空間にささやかな彩りを添えていた。

若泉氏はひなを氏が急逝した際にこの墓を建て、隣にひなを氏の言葉を刻んだ石碑を据えた。鯖武盆地に差し込む朝日が二つを照らしていた。合掌し、撮影。少し離れて墓参りをしていた初老の男性に聞くと、「敦賀の方から来た。若泉さんの名は知っているが、これがその墓だったんですか。変わった形だなと前から思っていたけど」と話した。

墓園から急坂を下り、さらに東へ数キロ。古い町並みを登校する小中学生たちとすれ違い、山あいの田畑を抜け、県道脇の沢沿いの集落へ細い道を上る。若泉氏が生まれた越前市横住町だ。ここにはまだ日が差さず、生家跡には雪が残っていた。静かに流れる沢の両側には若泉姓の家々が目立ち、ある農家の軒先には大根が干されていた。そこから鯖江市街へ戻る途中、3キロほど行くと、若泉氏が通った服間小学校（当時は国民学校）があった。

若泉氏は東京で国際政治学者として活動を続けた後、80年に故郷の福井に戻った。鯖江の新居で著書を執筆していた頃から交流があったのが、70代になるいまもＪＲ鯖江駅前で酒店を営むご夫妻だ。午前

9時の開店早々にお邪魔した。

妻の久保田美代子さんが話す。

「先生は1990年ごろから店にお見えになりました。いつもクリーニングしたばかりのような濃紺の背広に白のワイシャツ、ネクタイ姿でした。同居のお母様のために牛乳はありませんかと話しかけてこられ、酒屋なのでうちの冷蔵庫から差し上げようとした時から打ち解けて、ニコニコと話してくださるようになりました」

若泉氏はその母を妹に預け、自宅で著書執筆に専心し、朝6時に就寝し昼1時に起きる生活となる。「午後2時過ぎに」と言われてよく配達に行った夫の久保田治裕さんはある日、若泉氏から「上がってや」と声をかけられた。

応接間に様々な地球儀があった。特に大きな直径1メートルほどの球体の前で、若泉氏は治裕さんに寝転がって見るように勧めた。

「いつもと全然違うでしょう。僕は時々そうする。国際政治を考える時、日本ばかり見ているのとは違う考えが浮かぶんです」

『他策』が出た1994年ごろ、日本酒を嗜《たしな》む若泉氏に、治裕さんが「先生の酒、造りましょうや」と勧めた。若泉氏の心を後進に伝えるという意味の銘を一緒に考え、若泉氏が「『若泉』というのが北海道の酒にあった」、治裕さんが「それじゃ愛想がない」ということで、「若き泉」となった。96年が明けてできあがり、若泉氏に伝えようとしたら電話に出なくなっていた。

「通じんな、通じんなと言っているうちに、訃報が新聞に載って驚きました」

久保田夫妻がよく訪れた若泉氏の旧宅は、ＪＲ鯖江駅から北へ数キロ行った住宅街の高台にあった。主を失って27年近く。正午ごろ訪れると、若泉氏が名付けた「無畏無為庵」の看板はなかった。ブロック塀が崩れたところから覗くと、日本庭園が荒れていた。若泉氏の考えを聞こうと鯖江を訪れた各国の駐日大使をもてなした場だ。

通りがかった近所の女性が思い出を語ってくれた。「先生が自転車で郵便局まで原稿を出しに行って、スーパーで牛乳とパンを買って、坂を立ちこぎで戻られるのをよく見かけました。畑で作られた野菜をいただきました」。その畑はかつて、「無畏無為庵」の向かいにある書庫のそばにあった。書庫の建物は傷みながらも残っていた。

地元での「知名度」

そこから県道を北へ10キロ弱行くと福井市街だ。若泉氏は１９４４年、14歳からこの地の福井師範学校に通い、翌年に福井空襲に遭って敗戦を迎えている。午後2時頃、かつて福井師範学校があった場所に近い、ＪＲ福井駅東側の写真店を訪ねた。店主でカメラマンだった故・山岸豊治さんが若泉氏と親しく、そのご遺族に会うためだ。

若泉氏の米国人脈の太さを表すエピソードに、高さ2メートル近い大地球儀の福井県への寄贈式がある。１９８８年に「無畏無為庵」で開かれた式典で、親交のあったマンスフィールド駐日米大使が講演した。大地球儀を背にした二人の記念写真を豊治さんが撮り、若泉氏からいたく気に入られ、晩年の自身の姿の撮影をよく頼まれることになった。

豊治さんは2017年に79歳で死去。前年にまとめていた若泉氏の写真集には、各国駐日大使との民間外交に勤しむ晴れやかな姿もあれば、『他策』出版の翌年に沖縄本島を訪れ、壕の前で合掌し沖縄戦犠牲者の冥福を祈る姿もある。

沖縄の壕の前で手を合わせる若泉敬氏＝1995年、山岸豊治氏撮影。写真集『真昼の夢』から

豊治さんの妻・喜代さん、長女の谷一美さん、三女の小林馨さんに話を聞いた。家族でよく車で若泉邸を訪れ、歴史好きの豊治さんが若泉氏と話し込むかたわら、喜代さんたちは総菜を届けたり、掃除をしたりしたそうだ。

「来なったら見えんようになるまで見送るのが先生やった」と喜代さん。

小林さんが補う。「車で帰る時、先生は玄関から出てずっと見送ってくれました。曲がる手前で父が『みんな降りろ』と言って、外に出て先生に礼をしました」

豊治さんの晩年に若泉氏の写真集作りを手伝った谷一美さんは、「父は一枚一枚にこだわり、いつも深夜まで選んでいました。先生はこんなお花も好きだったとか」と懐かしんだ。

写真店からレンタカーで数分、この日最後の取材となる福井県国際交流会館に夕方前に着く。若泉氏が寄贈した大地球儀がある。同館は県内からの海外留学や県内に住む外国人の支援の拠点で、若泉氏の志を受け継いだような場所だ。

電動の大地球儀はボタンを押すとゆっくりと右へ回る。見えてきた日本列島に、大きく「FUKUI」「SABAE」とあった。「私たちの国際交流を静かに見守ってくれている感じですね」と、同館で見学者への説明を担当する島田しのぶさんは話す。

ただ、若泉氏の県内での「知名度」が心配そうだった。「昨年は沖縄返還50年ということでテレビや新聞では若泉さんを取り上げましたが、地元の鯖江市や越前市から来た小中学生に聞いても『うーん』という感じでした」

福井県教委が2016年にまとめた「ふるさと福井の先人100人」という冊子には、若泉氏も登場する。県教委によると、人選は各市町村教委の意見をふまえ、若泉氏については越前市の提案だった。県内公立校の中高生は、21年度からは一台ずつ配られたタブレットで見られるようになっている。

ただ、どう教えるかは各校次第だ。沖縄返還に尽くした若泉氏といっても、政府がいまも関知しないとする首相密使としての活動をどう説明するかという難しさもある。越前市のある中学校の校長に電話で尋ねると、「いろいろ教えないといけなくて、若泉さんのことまでなかなか……」と悩ましげだった。

それでも越前市教委では、2022年に若泉氏の企画展を開いた。沖縄返還50年記念だったが、交渉への関わりだけでなく生涯をたどった。担当した礒部宏子さんを昼前に訪ねた時、こう話していた。

「私自身が不勉強で、調べていて若泉さんに対するとらえ方が二転三転するうちに、密使としてよりも一人の人間として取り上げたいと考えました。挑戦と落胆、自問自答を重ねた末に亡くなった。完璧ではない自身に全力で立ち向かった方ではないか。そんな人生は若泉さんにしか生きられないかもしれませんが、その心に少しでも添えればと思います」

確かに、子どもたちに若泉氏の生き様を成功物語として伝えることは難しいし、若泉氏も望まないような気がする。自身が福井県民に贈った大地球儀を「マンスフィールド地球儀」と名付けたように。

名残惜しくも、レンタカーで帰途に就く。福井インターチェンジから北陸自動車道に入り、日本海に沈む夕日を横目に小松空港へ向かった。

（2）「若泉シナリオ」を読み解く

ニクソン政権の方針

そんな若泉氏の密使としての存在証明ともいえる、今回見つかった「若泉文書」。5点のうち、核心の「若泉シナリオ」を読み解いていく。1969年の佐藤・ニクソン会談における二大焦点で合意にこぎつけるための、直筆とみられる佐藤首相のための核問題シナリオ（②）と繊維問題シナリオ（③）だ。

なぜこの2点が核心なのか。それを考える前提として、まずこの首脳会談に臨むニクソン政権の対日政策と、沖縄返還交渉の当初の方針を確認しておきたい。政権発足から4カ月後の1969年5月28日付でキッシンジャー大統領補佐官が作成した米政府の機密文書、国家安全保障決定メモランダム13号（NSDM13）の全文の日本語訳を以下に掲載する。米政府の開示文書を筆者が訳した。

国家安全保障決定メモランダム13号
宛先：国務長官、国防長官、財務長官、中央情報局長官
議題：対日政策
日本に関する国家安全保障会議の検討の結果、大統領は米国の対日政策について次の通り決定した。
1．我々は日本をアジアでの米国の主要なパートナーとする現在の関係を基本的に続け、この関係を米国の国益をふまえて改善し、アジアでの日本の役割をますます大きくする方策を追求する。
2．我々は現在の米日安保条約について、廃棄か改正かの議題となる1970年以降も、改正せずに維持することを認める。
3．我々は在日米軍基地について、必要不可欠の機能を確保しつつ、主な刺激要素を減らすため構成と利用について段階的な変更を続ける。
4．我々は日本に対し、実質的な軍事力やアジアの安全保障での役割を拡大するよう圧力をかけることを避けつつ、防衛努力の適度な増大と質的な改善を促す現在の政策を維持する。

沖縄に関して、大統領は、今後数カ月の対日交渉が以下の諸点をふまえるよう、戦略文書を、東アジア担当の各省間グループが次官級委員会の監督の下で準備するよう指示した。

1. 1972年の沖縄返還に合意する我々の意欲。ただし、1969年中に米軍による使用の基本要素について合意し、細部の交渉が終われば。

2. 通常兵器について、特に韓国、台湾、ベトナムに関して最大限の自由使用をという我々の要望。

3. 核兵器について、沖縄で保持をという我々の要望。ただし、沖縄に関し他の要素での合意で満足できれば、大統領は交渉の最終段階で、緊急時の貯蔵と通過権を保ちつつ、撤去を考慮する用意があることを示す。

4. 沖縄に関し他の諸点での追求されるべき日本の誓約。

このNSDM13がまとめられたころには、すでに半年後の11月の日米首脳会談が想定されていた。その時点でニクソン大統領には、沖縄返還交渉において日本が望む72年返還に応じる考えがあり、その際の沖縄の核兵器撤去について、緊急時の再持ち込みが保証されればぎりぎりの段階で応じる構えがあった。また、韓国、台湾、ベトナムを守るために、沖縄が返還されてもその米軍基地の使用が、とりわけ通常兵器で対処する拠点としてできるだけ制約を受けないようにすることが重要だった。

そうした沖縄返還交渉の土台となるニクソン政権の対日政策として、日本を引き続きアジアの主要なパートナーと位置づける。その上で、米国が日本を守り、日本が自国と極東の安全のために米軍に基地を提供するよう1960年に改定された日米安全保障条約を、10年の期限を迎える70年以降も維持する――。そんな方針がNSDM13からわかる。

これをふまえて、1969年の11月の日米首脳会談の位置づけを考えてみる。すると、泥沼化するベトナム戦争や中国の核・ミサイル開発、朝鮮半島での南北対立の激化でアジアの安全保障環境が揺らぐ中、佐藤首相が3月に掲げた「核抜き・本土並み」での沖縄返還のハードルは高かった。だが、それでもアジアの安定に欠かせない日米関係を保つためにニクソン大統領も沖縄の72年返還を目指していた会談だった、とみることができる。

若泉氏は『他策』(256頁)で、ニクソン政権が日米首脳会談の半年前にNSDM13を決めていたことについて、政権のキーパーソンらと接触しながら「残念ながら、その感触すらつかめなかった」と振り返っている。しかし、沖縄返還交渉についてニクソン大統領もこのように前向きだったからこそ、両首脳の意を汲んだ若泉氏とキッシンジャー氏との極秘交渉が成り立ち、沖縄返還を合意するという史上最も重要な日米首脳会談につながった。

佐藤首相向けの核問題シナリオは、こうした歴史的な「合意」への舞台裏が凝縮されたものだからこそ、「若泉文書」の核心と言えるのだ。

「合意」と「破綻」の象徴

では、もう一つの繊維問題シナリオの方はどうか。ここにもこの会談の舞台裏が凝縮されている。しかし核問題とは全く逆の意味においてだ。核問題シナリオがこの会談の「合意」の象徴であるとすれば、繊維問題の方は「破綻」の象徴といえる。

核問題シナリオは「合意」のために緻密を極めている。それは史上最も異常な日米首脳会談であるという、この会談のもう一つの特徴に由来する。両首脳が沖縄の1972年返還に「合意」するために乗り越えねばならない沖縄の核兵器の問題について、両政府の外交当局にまで隠して会談中に裏で密約に署名するという最終目標があり、そのためにまず会談後に発表する共同声明の書きぶりを決める表のやり取りがある。そんな離れ業を両首脳に演じさせるシナリオは、緻密にならざるを得ない。

キッシンジャー米大統領補佐官。佐藤栄作首相との密談を終えて首相公邸を出る＝1972年6月10日

ところが繊維問題シナリオの方は粗い。日本から米国への繊維製品輸出を規制するために、核問題シナリオ同様、両首脳の表のやり取りを経た合意と裏の合意という構成になってはいる。ただ、表の合意の前提となる裏の合意としては、細かい「了解事項」が並んでいるだけだ。両首脳で合意を確認するために、核密約と同時に繊維密約に署名する手もあっただろうが、そんな仕掛けもない。そして会談では表のやり取りすらかみ合わずに「破綻」したのだった。

繊維問題は、核問題とは別の意味で日米間の難題だった。

1960年代の日本の高度経済成長に端を発する米国の対日貿易赤字の増大は政治問題化し、日米貿易摩擦として90年代まで引きずることになる。その嚆矢であった繊維問題には両政府を挙げて取り組むべきだった。だがニクソン大統領は、69年の政権発足当初に対日政策を決めたNSDM13で繊維問題に一言も触れなかったにもかかわらず、11月の日米首脳会談が迫る中で持ち出し、それを若泉―キッシンジャーという裏ルートに委ねた。それを佐藤首相もはっきりとは拒まなかった。

だが、佐藤首相は沖縄返還交渉に繊維問題が絡むことをひどく嫌った。『他策』にある若泉氏との会話でも、ニクソン大統領との会談でも、貿易摩擦を政治で何とかしようとすることに極めて淡泊だった。つまり繊維問題シナリオは、首脳会談での「破綻」につながる舞台裏の粗い交渉を象徴するという意味で、やはり「若泉文書」の核心と言えるのだ。

この核問題と繊維問題に関する「若泉シナリオ」の内容は『他策』と重なる部分が多い。ただ、『他策』は若泉氏とキッシンジャー氏の複雑多岐な極秘交渉の過程を詳しく書く一方で、若泉氏が佐藤首相に説明する場面は散漫だ。それが若き国際政治学者の孤独な密使外交の厳しさを物語るとはいえ、極秘交渉の成果がどこまで佐藤首相にインプットされた上での首脳会談だったのかは覚束ない。そこが「若泉シナリオ」によって鮮明になり、実際の会談録と比べることで密使外交の成果が検証できる。

結論を先に言えば、核問題シナリオは1969年日米首脳会談での沖縄の72年返還合意に貢献し、繊維問題シナリオは会談で破綻して両首脳の関係は悪化した。もちろん、沖縄返還のために核密約まで結んだことが良かったのか、繊維密約が破綻して日米貿易摩擦が可視化されたことが悪かったのかという、正鵠《せいこく》を射た指摘があり得る。そんな議論が深められるのも「若泉シナリオ」が見つかったことの意義と言えるだろう。

佐藤栄作首相、訪米に出発。反対運動で騒然とする中、官邸中庭からヘリに乗り込む＝1969年11月17日

いつ、どのように書かれたか

そもそも「若泉シナリオ」はいつ、どのように書かれたのだろうか。

薄黄色で赤い線が二本入った紙は、米国でよく使われる「イエローパッド」とみられる。レポート用紙のように切り離せ、著書に『若泉敬と日米密約』がある信夫隆司・日本大学特任教授によると、若泉氏は愛用していたそうだ。英文を横書きするものだが、「若泉シナリオ」では日本語を縦書きしている。

鉛筆とみられる几帳面な字で、タイトルや「極秘」などを赤や青、傍点で強調するなど細やかな作りの一方、言葉を補う挿入箇所が多く、項目の順番を示す記号の不整合もある。ワープロがなかった時代とはいえ、国家機密に関わるこの文書を丁寧に、しかし慌てて作った感じだ。

内容からして、1969年11月の佐藤・ニクソン会談が迫る中、若泉氏がキッシンジャー氏との極秘交渉で確認した会談の運びを佐藤首相に伝えるための文書に間違いない。そこで当時の若泉氏の動きをたどるべく『他策』(449〜466頁)を紐解くと、以下の通りだ。

11月12日　ホワイトハウスでキッシンジャー氏と日米首脳会談での核密約(合意議事録)の草案、繊維密約(了解事項)の草案、そしてこの二つについての「手続きに関する申し合わせ」をまとめ、「総理に報告する重要書類の整理と翻訳、清書にとりかかった」。

11月13日　早朝にワシントンのホテルを出て、空路サンフランシスコ経由で羽田へ。「機中も、隣席の日本人の眼に気を遣いながら清書を続け」た。

11月14日　午後7時過ぎ、羽田空港着。

11月15日　午前9時、佐藤首相に面会。核問題についての「首脳会談の手続きに関する申し合わせ」の日本語訳を渡して説明。佐藤首相は「『このとおりにしよう』と積極的な反応だった」。核密約草案の日本文と英文、繊維密約の日本語訳に加え、「貿易と資本の自由化、(米軍が沖縄に配備していた核ミサイル)メースBの撤去、物理的ホットラインの開設、NPTの調印などについても、準備した資料を提出した」。

午後11時50分、キッシンジャー氏と国際電話。3日間の予定の首脳会談で初日に核問題、二日目に繊維問題を取り上げることや、日米首脳間で直接電話するホットラインの開設で合意することも確認。

11月16日　午前6時半、キッシンジャー氏と国際電話。核密約について「佐藤首相が、新聞記者に訊かれた場合」に否定するので、ニクソン大統領も口裏を合わせることを確認。キッシンジャー氏が沖縄からのメースB撤去について「十八カ月以内にそうすることを年内に発表する」と述べ、繊維密約での日本の対米輸出規制について3週間以内に合意したいというニクソン大統領の意向を伝達。

午前11時、首相公邸で佐藤首相に面会。「キッシンジャー氏との会話の内容をきちんと伝え、改めて手続きを確認した」。繊維密約について佐藤首相は「相変わらず慎重で曖昧だった」。

11月17日　午前10時過ぎ、佐藤首相がニクソン大統領との会談のため羽田を発ってワシントンへ。若泉氏は東京で待機。

そこで改めて核問題シナリオを読むと、佐藤首相が羽田を発つ直前、11月15〜16日に二度にわたりキッシンジャー氏と電話でやり取りした内容が盛り込まれていることがわかる。12日に若泉氏がキッシンジャー氏と合意した「首脳会談の手続きに関する申し合わせ」を、ぎりぎりまでバージョンアップしている。外務省を外した異例の対米交渉ルートを担う若泉氏が公電を使えないことや、当時のファクスの普及度の低さを考えれば、若泉氏はこの手書きのシナリオを11月16日、朝のキッシンジャー氏との国際電話の直後に仕上げ、米国への出発を翌日に控える佐藤首相を公邸に訪ね、原本かコピーを渡したのではないか。まさに綱渡りだ。

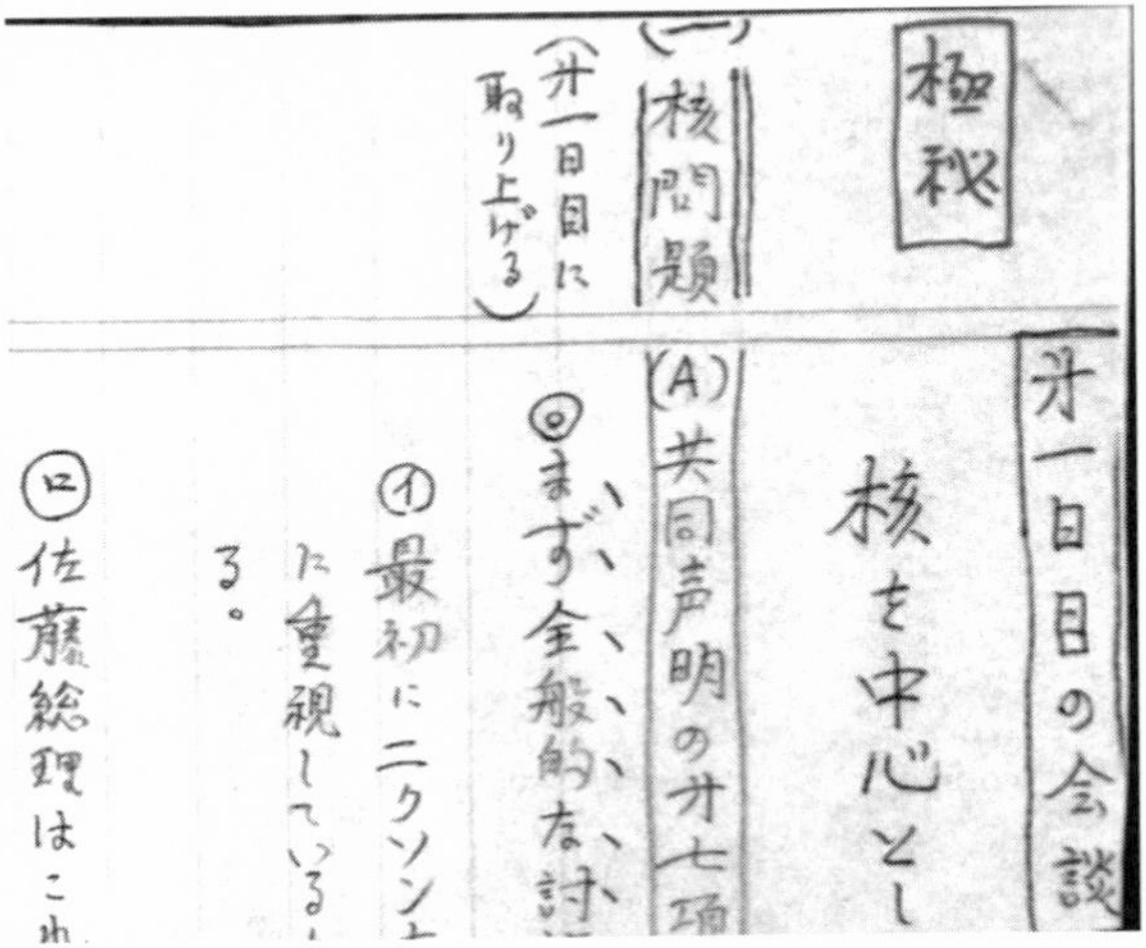
極秘
第一日目の会談
核を中心とし
(一) 核問題
(第一日目に取り上げる)
(A) 共同声明の第七項
まず全般的な討
(イ) 最初にニクソン
た重視している
る。
(ロ) 佐藤総理はこれ

核問題シナリオのコピー

核問題シナリオ

それでは佐藤首相向けの「若泉シナリオ」について、裏方である若泉氏の『他策』や外務省の記録、そして実際の両首脳のやり取りを記した日本政府や米政府の会談記録と比べながら読み解いていく。まずは核問題シナリオからみていく。

日米両政府は1960年の日米安保条約改定時に、米国が日本に核兵器を持ち込もうとする際は事前協議をすると確認している。すでに述べたように、沖縄返還を政権の最重要課題に掲げた佐藤首相は、一方で67年に「持ち込ませず」を含む非核三原則を表明し、69年3月には「核抜き・本土並み」での沖縄返還を目指すと踏み込んでいた。

だが、冷戦下の1960年代にアジアで不安定さが増す中で、米国は沖縄の米軍基地を重視し、沖縄返還交渉では、返還時に核兵器を撤去するのであれば返還後に緊急時の再持ち込みを認めるよう要求。外交当局間の事前交渉で詰め切れないまま、69年11月19日から3日間にわたるホワイトハウスでの首脳会談が迫っていた。

そこを何とかしようとした核問題シナリオの概要はこうだ。沖縄の核兵器の扱いは初日に議論。会談後に出す共同声明について曖昧な表現で合意しておき、そこから具体的な密約へと進む。共同声明については両首脳が互いに案を示し、意見を述べ合い、佐藤首相の第二案で決着。続いて「自然な形」でニクソン大統領が誘い、両首脳は通訳を外して隣室に移り、核密約に「直ぐにサインする（三分程度）」。

核密約については「会談中を通じて両首脳とも一切ふれない（完全極秘事項）」「絶対極秘扱」など保秘を徹底している。米側ではニクソン大統領とキッシンジャー氏だけが知っていて、「国務長官、国防長官も知らされない」と佐藤首相に説明。会談後に「新聞記者その他から、『有事核持込み』について秘密了解があったのでは」と問われても「頭から否定する」とし、ニクソン大統領も口裏合わせをすることになっている。

それでは、核問題シナリオの全文を示す（文字やルビ、傍点などは原文通りにした。短い言葉の挿入指示が、いくつかあるが、読みにくくなるため本書では挿入済みとなっている。※は筆者注）。

表題の「核を中心とした会談の具体的な進め方」を青字で強調して、この文書は始まっている。

極秘

核を中心とした会談の具体的な進め方

オ一日目の会談（経済、繊維問題は一切ふれない）

（一）核問題
（才一日目に
取り上げる）

（打合せ済み）
✓印の順序は
間違わずに
おこなうこと
とする

（A）共同声明の才七項目についての了解事項

◎まず全般的な討議から入っていくこととする

イ　最初にニクソン大統領が、沖縄における核の必要性を米国がいかに重視しているかを、米側の立場からかなり詳しく力説する。

ロ　佐藤総理はこれに対して、大統領に、核兵器に対する日本国民の特殊な感情と、それに基く日本政府の政策（非核三原則）を詳細に説明して、返還までに核の撤去を強く要請する。

ハ　大統領はこれに対して理解を示す。イのような米側の事情であるが、日米関係の大局的見地から自分としてはできるだけ総理の右の要請に添いたいと考える。但し、米国の核抑止戦略や国内法その他の事情もあって、それを「共同声明」に明記することは極めて困難（不可能）である旨を強調する。

✓ニ　更に大統領は、総理大臣の方で「共同声明」にどのように表現するか、何かよいお考え《サジェッション》はありませんか、とたずねる。

✓ホ　そこで総理大臣は、本当はズバリ〝核を撤去する〟旨を明記してほしいのであるが、只今の大統領の説明も理解できるので、それではこの案文で如何でしょうかといって、初めて才一案を大統領に提示する。

✓ヘ　大統領は、米国案（これは相当きびしい内容のものと推測される）を提示して、このように明記して欲しいと総理大臣に求める。

ト　総理大臣は、これでは〝本土並み返還〟ということにならないし、この案文では、日本へ帰って国会や国民に説明して納得させることはとてもできないので、残念ながら受諾できない。ぜひとも再考して頂きたいと強く要請する。

✓チ　大統領は、日本側にそういう国内事情があるとしても、米国政府としてはこの奌で容易に譲るわけにはいかない。特に議会や軍部への説明という観奌からすれば、最小限「日米安保条約の事前協議制度に関するその立場を害することなく」というセンテンスは不可欠である。

✓リ　総理大臣は、そういう事情であるならばといつて、大統領に才二案を提示する。

✓ヌ　大統領は、この才二案に同意できるかどうか、非常に難かしいところだといつて、

①一晩じっくり考えさせてほしい　}という可能性が強い
②国務長官、国防長官とも相談してみたい　}

③あるいは暫く熟慮の後、その場で賛成するかもしれない。（但し、この可能性は少ない）

○ル　①②の場合であれば結論は翌日に持ち越される。

（しかし、この場合でも最終結果は既に決まっているので、どうか安心して頂きたい）

○オ　いずれの場合においても、総理大臣の提案した第二案で決着することは、既に決定済みである。

（二）議事録

（1）これは会談中を通じて両首脳とも一切ふれない。（完全極秘事項）

（2）これについてはニクソン大統領（それにキッシンジャー特別補佐官）のみが承知していて、国務長官、国防長官も知らされない。この点を、大統領は固く保障するものである。

（3）議事録の「イニシアル」のサインについては、ニクソン大統領が、自然な形で「実はすぐ隣に自分の『プライベート・ルーム』があって、そこに美術品など飾ってあるので、特に佐藤総理にお見せしたいからどうぞお出下さい」と誘うまで待って頂きたい。

イ　それは才一日目の会談の終りになる公算が多い。

ロ　しかし才二日目（※ママ）の会談の最初、又は終りになるかもしれない（その時の状況如何によって）

ハ　もちろん通訳は入れない。

ニ　この『プライベート・ルーム』にキッシンジャー氏が待って、直ぐに「イニシアル」をサインする。（三分程度）

◎（4）この議事録は絶対極秘扱とする。

イ　そこで、佐藤総理が新聞記者その他から、「有事核持込み」について秘密了解があったのではないか等々の質問を受けた場合には、頭から否定する。そして、重要な会談内容はすべて「共同声明」に尽きていると断言する。そして一貫してその立場を堅持する。（将来ともその立場を貫いてよい）

ロ　ニクソン大統領は、右の佐藤総理の発言及び態度を全面的に理解する。そして、更に米国側の適当なスポークスマンが、「総理の発言通りだと」（※ママ）これを裏書きする。（そもそも、どのスポークスマンもこの件は一切知らないので、恐らく強く否定することになろう）

（三）メースB

（1）佐藤総理より、メースBはなるべく早く撤去するよう処置して欲しいと要望する

（2）大統領は早速検討しましょうと答えるのみに止める。

（3）但し、実際には、米政府は（多分国防省が発表することになろう）、今年中に、今後十八ヶ月以内にメースBを全部撤去することを発表することに内定した。

（四）ホット・ライン

（1）佐藤総理より、単に〝事前協議〟の迅速かつ効果的な運用のためのみならず、広く政治、外交その他の分野にわたって緊急事態に両国首脳が直接充分意思の疎通を図り、更に日米両国の相互信頼と協力関係を一層強化するために、東京の首相官邸とワシントンのホワイトハウスの間に、技術的に可能な限り速やかに、「ホット・ライン」を設置したい旨を、大統領に提案する。

（2）大統領は、これに同意し、歓迎する。

（3）共同声明に含めるか別途発表するかどうかは、更に検討して決める。

（五）核拡散防止条約について

イ　佐藤総理より、日本政府としては国内で与野党間に反対論や慎重論がまだかなり強いけれども、なるべく早い時機に核拡散防止条約に調印する意図であることを述べる。

ロ　大統領は、これを歓迎する。

ハ　総理大臣は、但し、これが沖縄の「核抜き」返還と取引されたという印象を与えることは絶対に避けねばならないので、外部には一切発表しないよう要請し、大統領もこれに同意する。

共同声明をめぐる駆け引き

核問題シナリオを読み解く詳細に入る前に、本書の冒頭で申し上げた、この佐藤・ニクソン会談が史上最も重要で異常な日米首脳会談と言えるという点を想起していただきたい。敗戦で失った沖縄の施政権を日本が米国から取り戻すという合意の裏で、緊急時には返還後の沖縄に米国が核兵器を再び持ち込むことを日本が認めるという密約を交わしていた。

その密約に外務省は関知せず政府に記録が存在しないとされる中で、米側との極秘交渉を担った若泉氏が佐藤首相向けに書き、半世紀以上を経て今回見つかったのがこのシナリオなのだ。その貴重さは、この会談に外務省がシナリオなしで臨んでいたことを示す文書からも浮き彫りになる。

東郷文彦・外務省アメリカ局長。左は愛知揆一外相＝衆院外務委員会、1969年5月7日

その文書とは、2009～10年の密約調査で外務省が対象とした上で開示した文書で、沖縄返還交渉を担った東郷文彦アメリカ局長が「共同声明第8項に関する経緯」として会談

の数日後にまとめたものだ。「第8項」とは、会談の成果として公表された佐藤・ニクソン共同声明のうち、沖縄の核兵器の扱いについて触れた項目だ。

佐藤首相、愛知外相、東郷局長らが１９６９年11月17日にワシントンに着き、会談前日の18日にかけて協議した内容を、東郷局長はこう記している。

核については、（イ）米側よりは依然何等の indication なきこと、（ロ）返還時撤去までは行くと判断されるが爾後の非常時持込について問題があり得ること、（ハ）従ってこの問題について何等かの記録を作成せざるを得ないこととなる可能性あること…等につき従来総理にも具申してきたところを改めて繰り返し結論として大臣より本件解決のためには我方共同声明案のみを以てすることが最善なる所以を説得するの他なしとの趣旨を強調された。かくして総理は本件に対する米側の出方に対する具体的見通しなきまま19日の大統領会談に臨まれることとなった。

補足しておく。東郷局長は、共同声明で沖縄の核兵器の扱いに触れる「第8項」について、（イ）１９６９年９月に外務省から交渉相手である米国務省に日本側案を示していたが、米国務省からは沖縄の核兵器の扱いは大統領の専管事項であり、会談でニクソン大統領が話すとして首脳会談前日になっても返事がないままであり、（ロ）会談で沖縄返還時の核兵器の撤去までは話が進むだろうが、返還後の緊急時の核兵器再持ち込みをニクソン大統領が求めた場合にどう対応するかという問題があり、（ハ）

解決のために「何等かの記録」を作らざるを得ないかもしれないと、佐藤首相に前から述べてきたことを繰り返した。だが、愛知外相の主張で共同声明の日本側案でいくしかないということになり、外交当局間では平行線のまま首脳会談を迎えることになったのだった。

東郷局長が述べるように、ここに至るまでに外務省が手をこまねいていたわけではなかった。このホワイトハウスでの首脳会談では、同席は通訳のみで、同行者は愛知外相すら別室で待機した。しかも沖縄と核兵器という日米関係の根幹に関わる二つの要素が絡み合う問題で両首脳をどう合意に導くか、米国務省と詰め切れない中で、外務省は佐藤首相と頭の体操を綿密にしておく必要があった。

首脳会談でニクソン大統領が緊急時の核兵器再持ち込みにこだわった場合に備え、東郷局長が佐藤首相に検討を促していた「何等かの記録」については、外務省が会談前月に作っていた原案が2010年に開示されている。

両首脳による「会談録（案）」という文書だ。

ニクソン大統領が緊急時とは日本の安全に欠かせない場合だと言い、佐藤首相がそうした場合には日本政府の非核政策が再検討されねばならず、それをふまえて沖縄への核兵器再持ち込みに応じるかどうかが判断されるだろうと言う――。日本政府が米国政府の義務としている核兵器持ち込みの際の事前協議を形骸化させないための、ぎりぎりの線だった。

ただ、「共同声明第8項に関する経緯」にあるように、東郷局長が勧めた「何等かの記録」の作成に佐藤首相は応じておらず、会談前日にかけての首相を交えた協議で愛知外相が最終的に却下した。外務官僚たちは、沖縄返還交渉の最大の焦点である緊急時の核兵器再持ち込み問題について見通しのないまま、首脳会談に突っ込まざるを得なかった。

核問題シナリオの凄まじさ

ところがだ。その問題をキッシンジャー氏と極秘に詰めた若泉氏は、外務省の「会談録（案）」よりさらに踏み込んで、返還後の沖縄への緊急時の核兵器再持ち込みを佐藤首相が認める「合意議事録」、つまり核密約の草案をまとめていた。それだけではなく、ホワイトハウスでの会談で両首脳が会談後に発表する共同声明「第8項」での沖縄の核兵器の扱いの書きぶりについて合意した上で、通訳すら外して両首脳が別室に移り核密約に署名するまでの運びを書ききっている。そこが核問題シナリオの凄まじいところなのだ。

若泉氏の『他策』にも、キッシンジャー氏と11月12日にまとめた「手続きに関する申し合わせ」の草案とされる英文文書が紹介され、会談で両首脳が「第8項」での合意から核密約の署名へと進む運びが記されている。だが、両首脳が「第8項」の書きぶりの詰めに入る前に、そもそも沖縄の核問題についてどう話を切り出すかまでは書かれていない。

両首脳が共同声明で合意して打ち解けた感じになり、通訳を外して別室へ移り核密約に署名するというゴールに至るには、「第8項」をめぐるやり取りのスタートからの阿吽《あうん》の呼吸が欠かせない。そして核問題シナリオには、前掲の通り、「(一) 核問題」「(A) 共同声明の才七項目についての了解事項」「◎

まず全般的な討議から入っていくこととする」として、イ、ロ、ハでそれが書かれているのだ。ちなみに「オ七項目」は会談直前の調整で「第8項」となる。

イ、ロ、ハ、ニを要約すると、大統領が沖縄の核兵器の必要性を強調→首相が核兵器に対する日本国民の特殊な感情と非核三原則を説明し、沖縄の核兵器撤去を強く要請→大統領は理解を示すが米国の核抑止戦略上、沖縄の核兵器撤去を共同声明に明記することは困難として、首相にいい考えはないかと尋ねる、という運びになっている。

シナリオはその上で「第8項」の書きぶりに進む。こちらは『他策』の「手続きに関する申し合わせ」英文最終稿と内容はほぼ同じだ。ただシナリオ中、沖縄の核兵器の扱いを話す導入にあたるイ、ロ、ハの項目と異なり、ここからの手順はトを除くニ〜ヌの項目には冒頭に青で「✓」が記され、その上に「✓印の順序は間違わずにおこなうこととする」と念が押されている。

これに沿って首相が日本側第一案、大統領も米側案を示す。ここで大統領が緊急時の核兵器再持ち込みの話を持ち出し、「日米安保条約の事前協議制度に関するその（米国の）立場を害することなく」という一文は不可欠だと主張。首相はその一文を含む日本側第二案を示す。大統領はその場か、引き取って翌日の会談かで賛成するという流れだ。

ここから別室に移って核密約を交わすまでの運びを記す核問題シナリオを、実際の会談ではどうだったかと比べると、非常に興味深い。シナリオには佐藤首相だけでなくニクソン大統領への振り付けまで書いてあるので、若泉氏がキッシンジャー氏と綿密に詰めたものだろう。だから実際の会談もおおむねその流れになっているが、とはいえ注目すべきずれがあり、日本史上で最も重要で異常といえる日米首脳会談の際どさを物語っている。

まずは核密約という裏の合意に至る前の、共同声明という表の合意に至るやり取りだ。日本政府と米政府がそれぞれ開示済みの会談録によると、沖縄の核兵器の扱いに関する「第8項」の案を双方が出し合う前に、ニクソン大統領は沖縄返還で合意する場合に緊急時の対応をどう共同声明に書くのかと切り出している。最終目標の核密約にも関わる「本丸」の話だけに、核問題シナリオでは突っ込んだやり取りを避けていたテーマだ。議事録によると以下の通りだ。

ニクソン大統領　カギは沖縄や日本、米国が脅威にさらされる緊急時に我々が対処するための調整だ。どのような手続きに従って沖縄を使うと共同声明で述べるのかお考えを伺いたい。返還後の沖縄が「本土並み」となることは理解するが、米上院、特に軍事委員会の関心は緊急時にどうなるかだ。近年では戦争はすぐに起こり得る。決定は時に2、3時間でされねばならない。

佐藤首相　沖縄には日米安保条約は変更なしに適用され、「本土並み」の返還を望むのが私の政府の立場だ。沖縄が軍事的に重要な役割を果たしていることは理解している。沖縄が「本土並み」で返還された場合に米国が困らないように望んでおり、緊急時にどうするかは難しい問題だ。

本番ではこのようにいきなり核心に迫る話し合いから入り、佐藤首相は、沖縄からの核兵器撤去を望むが、核兵器の配備の詳細を明かさない米政府の方針をふまえれば沖縄からの撤去どころかそもそも沖縄に存在することを認めるのも難しいだろうと述べ、次の「第8項」日本側第一案を示した。

総理大臣は、核兵器に対する日本国民の特殊な感情及び、これを背景とする日本政府の政策について詳細に説明した。これに対し、大統領は深い理解を示し、沖縄の返還に当たっては右の日本政府の政策に背馳しないよう処置する旨を確約した。

この確約に対しニクソン大統領は、米国が核兵器を日本に持ち込もうとする際に求められる事前協議について、米国民は「より正確な」表現を求めるだろうと述べ、米側案を示した。佐藤首相は、米国による沖縄の返還が「日米安保条約の事前協議制度に関するその立場を害することなく」なされるという文章を加えた日本側第二案を提示。この両首脳による実際の案文のやり取りは「若泉シナリオ」に沿っており、まとまった「第8項」も次の通り日本側第二案と同じ内容になっている。

総理大臣は、核兵器に対する日本国民の特殊な感情およびこれを背景とする日本政府の政策について詳細に説明した。これに対し、大統領は、深い理解を示し、日米安保条約の事前協議制度に関する米国政府の立場を害することなく、沖縄の返還を、右の日本政府の政策に背馳しないよう実施する旨を総理大臣に確約した。

たわけではなかった。

粘るニクソン大統領

想定外はまだあった。ニクソン大統領は実際の会談で、「第8項」の日本側第二案にすんなり同意したわけではなかった。

確かに核問題シナリオでは、ニクソン大統領は最終的には第二案に賛成するが、会談二日目まで考えた形にする「可能性が強い」となっている。だが『他策』（468、472頁）によれば、キッシンジャー氏は会談直前、若泉氏への国際電話で「第一日目に、核をふくむ沖縄問題を片づける」と話す一方で、日本側第二案に盛り込まれてニクソン大統領が応じる理由となる、沖縄返還にあたって「事前協議制度に関する米国政府の立場を害することなく」を「どうやって実行するのか」というニクソン大統領の疑問も伝えていた。

若泉氏はキッシンジャー氏に、「だから、事前協議制度を活用するためにホットラインが必要なのだ、と私の友人（佐藤首相）が（ニクソン大統領に）言えばいい」と伝えている。確かに、首相官邸とホワイトハウスを電話でつなぐホットライン開設についてもこの会談で合意することについては、核問題に関する「若泉シナリオ」の「（四）ホット・ライン」に記されている。だが、実際の会談の米側議事録を見ると際どいやり取りになっている。

佐藤首相が日本側第二案を示すと、ニクソン大統領は7カ月前に米軍の電子偵察機が北朝鮮に撃墜された件を持ち出し、こうしたケースで日米安保条約の事前協議がどうなされるのかと問うた。佐藤首相は「緊急時の持ち込みの問題だ」と核密約に絡むことを口にしかけたが、思いとどまり、ホットライン開設に話題を変えた。

佐藤首相は「軍事だけでなく幅広い問題で直接話し合えて、（互いの）安心になる」と提案し、ニクソン大統領は「アジアの防衛をカバーできる。米国にとって日本との関係を英国やソ連との関係と対等にするものだ」と賛成した。この合意は伏せることを確認し、ニクソン大統領はここでようやく日本側第二案を受け入れたのだった。

核問題シナリオと実際の首脳会談のずれについては、もう一つ見逃せない点がある。ニクソン大統領が示した「第8項」米側案だ。東郷局長の報告書に英文で付されているが、そこには最終合意する日本側第二案とほぼ同じ内容に加えて、後半に次のような文章がある。

「後者（事前協議制度に関する米国政府の立場を害することなく）との関係で、大統領は、状況により必要であれば（if required by circumstances）、米国政府は安保条約の条項に従い、日本での米軍のいかなる重要な装備の変更についても日本政府と協議するだろう。首相は、日本政府の事前協議制度に関する立場は米国政府と同じだと述べた」

この米側案の扱いについても、若泉氏とキッシンジャー氏との事前調整で曲折を経ていた。『他策』（432、433頁）によれば、首脳会談の一週間前に二人でまとめた「手続きに関する申し合わせ」の交渉で、当初キッシンジャー氏は、米側案を会談前に国務省から外務省に伝えた上で会談で大統領が示すと提案。交渉ルートの混乱を嫌った若泉氏が拒み、米側案は出ないことになっていた。ところが核問題シナリオでは、会談で大統領が出す点については復活している。

ただ、その核問題シナリオでは、米側案の内容はつまびらかでないが「相当きびしい内容のものと推測される」とした上で、佐藤首相は「本土並み返還」にならないとして断るとある。つまり、米側案は日本側第二案で決着させるための「当て馬」ではあったが、佐藤首相が断る理由としては、非核三原則の「持ち込ませない」が沖縄について曖昧になりすぎるという設定だったのだ。

ところが実際にニクソン大統領が示した米側案は、落としどころである日本側第二案を先取りする一方で、佐藤首相がこだわる「本土並み」、つまり日本政府が米政府の義務だとしている、核兵器を日本に持ち込もうとする際の事前協議を「状況により必要であれば」と緩め、それを日米両政府共通の立場として両首脳が表明するというものだった。

実際の首脳会談でこの米側案に佐藤首相は応じなかったが、その答えは日本側議事録によれば米側案の内容に対応したものにはなっておらず、「共同声明の上で、重大な事態の際に沖縄の米軍基地の機能を損なわないとすることは非常にむづかしい」というものだった。また、米側議事録によれば、佐藤首相の答えは日本側議事録とは異なり、「(日本側第一案と米側案の)二つの案は大きく違うが、どう近づけるかを考えたい」となっている。

つまり、外務省が手を出せず、若泉―キッシンジャールートで練った核問題シナリオ通りにも完全にはいかなかった「第8項」をめぐる両首脳のやり取りは、かなりぎくしゃくしていた。こうした中で、もし佐藤首相が一見したところ日本側第二案を採り入れているニクソン大統領の米側案に応じて共同声明が発表されていたら、この直後に交わす核密約以上の事前協議制度の形骸化がもたらされていたかもしれない。

他に注目すべき点として、「若泉シナリオ」に沿って生まれた「第8項」の成案が、外務省が1969年9月に米国務省に示し、返事がないままになっていた外務省最終案とほぼ同じ内容であることを指摘しておく。その答えは『他策』にある。首相官邸では会談を前に、外務省最終案をもとに「第8項」の3通りの案を整え、11月6日に佐藤首相が若泉氏に渡し、核密約に加えて「第8項」の対米交渉も任せた（398、399頁）。若泉氏がその3案を5案にアレンジしてキッシンジャー氏と交渉し、その中から佐藤首相が本番で示すことになった日本側第二案が、回り回って外務省最終案とほぼ同じ内容になったというわけだ。（445、446頁）

これに関する東郷局長の報告書「共同声明第8項に関する経緯」の記載も興味深い。佐藤首相は通訳のみが同席した11月19日の会談初日を終え、米大統領のゲストが泊まるブレアハウスに戻り、「第8項」は第二案で合意したと愛知外相や東郷局長に説明。内容を知った東郷局長は「大統領の側に於いても我方第8項案文を仔細に研究しており、第二案を採ったものと見られる」と記している。結果オーライというわけだ。ただ、佐藤首相から会談後に東郷局長に渡されたとみられる日本側第一案と第二案の手書きの日本語版が報告書に付されており、筆跡は若泉氏のものに酷似している。誰が書いたのかと東郷局長は心中穏やかでなかっただろう。

ちなみに、「若泉シナリオ」を愛知外相がどこまで知っていたかについては謎が多い。前述のように首脳会談直前の日本側打ち合わせで、返還後の沖縄への緊急時の核兵器再持ち込みを求める米国との妥協案として東郷局長が言及した「何等かの記録」の作成を不要と判断しており、また『他策』（274頁）には、愛知外相が若泉氏に対し、首脳会談の四カ月前に「あなたのお話を総理から聞きました」と語り、「外務省の事務当局とはまったく別ルートで」キッシンジャー氏と接触するよう頼む場面がある。そうしたことから、愛知外相は少なくとも、佐藤首相が核密約という腹案を持って会談に臨むことを首相から聞いて知っていたのではないかという見方がある。

ただ、佐藤首相が首脳会談初日を終えてブレアハウスに戻り「B案（日本側第二案）で決まったよ」と告げた際に、愛知外相は東郷局長に「B案って何だろう」と尋ねたという。当時首相訪米団の一員として居合わせた元外務省幹部の話だ。愛知外相は、表の共同声明から裏の核密約までの運びを記した「若泉シナリオ」までは知らなかったか、知らないふりをしていたということになる。

核密約への運び

それでは、核問題シナリオの中心である核密約へと話を進める。首脳会談での核密約への運びについて、『他策』（446頁）では、若泉氏とキッシンジャー氏が準備した「手続きに関する申し合わせ」の英文最終稿の日本語文は次のようになっている。

六、この会談の最後に、ニクソン大統領は佐藤総理大臣に対して、オーバル・オフィス（大統領執務室）に隣接する小部屋にある美術品を鑑賞することを提案する。両首脳だけがその小部屋に入り、ドアを閉め、そこで二人は核問題に関する秘密の合意議事録（同文二通）に署名する。二人はそれを一通ずつ保持する。

さらに『他策』には、この核密約の保秘の徹底について若泉氏がキッシンジャー氏と話し合った上で、佐藤首相に伝える場面が散見される。核問題シナリオは、こうした核密約への運びと保秘を、首相向けにより詳しく、わかりやすくまとめている。それが「(二) 議事録」だ。これも実際はその通りに運んだのか、『他策』や日米両政府の会談録と照らし合わせてみていく。

核問題シナリオではまず、核密約について「これは会談中を通じて両首脳とも一切ふれない」と赤の傍点をつけ、「完全極秘事項」と強調している。米側ではニクソン大統領とキッシンジャー氏しか知らないことを「大統領は固く保障する」とまで記しており、若泉氏が佐藤首相に、これは佐藤・ニクソンと若泉・キッシンジャーだけの話だと念押ししているようにも読める。

「会談中を通じて一切」と強調するところに、核密約にこぎつけるために保秘を徹底し、共同声明から核密約に至る両首脳の言動についてシナリオを書ききろうとする若泉氏の気概がにじむ。『他策』（399頁）には、首脳会談を控え沖縄の核兵器の扱いについて正規の外交ルートでの交渉が難航する中、裏の核密約に加え表の共同声明についても佐藤首相から11月6日に対米交渉を任された若泉氏が、「人生でかつて味わったことがないような志気が全身に漲《みなぎ》る」と述べるくだりがある。

保秘の徹底ぶりは、会談後の報道陣の質問に対する口裏合わせを両首脳に求めるまでに至っている。「佐藤総理が新聞記者その他から、『有事核持込み』について秘密了解があったのではないか等々の質問を受けた場合には、頭から否定する。そして、重要な会談内容はすべて『共同声明』に尽きていると断言する」「ニクソン大統領は、右の佐藤総理の発言及び態度を全面的に理解する」とある通りだ。

若泉氏が核密約を隠すためにここまでメディア対応に敏感になったのは、沖縄の米軍基地に置かれてきた核兵器による抑止力を保ちたい米政府と、「核抜き・本土並み」での沖縄返還を求める日本政府がどう折り合うかが、この首脳会談の焦点としてすでに報道されてきたからということもあっただろう。例えば会談の半年近く前、前述したニクソン政権発足当初の対日政策と沖縄返還交渉方針を示した１９６９年5月28日付の国家安全保障決定メモランダム13号を、ニューヨーク・タイムズ紙が一週間後に早々とスクープしている。

こうした報道合戦の渦中で日米首脳会談を迎えれば、妥協点として予想されていた緊急時の沖縄への核兵器再持ち込みに関心が集まるのはやむを得ない。実際に会談後、佐藤首相は帰国直後の記者会見でそこを問われ、シナリオ通りに否定し、「非核三原則に基づいて事前協議に応ずるのだから、有事の際の核の再持込みの心配がないことがはっきりしている」と答えている。

「小部屋」に大統領が誘う

この核密約の異常さは、前述のように日米両国民だけでなく、首脳会談を裏方として支える外交当局すら欺くという点にある。３日間にわたる会談がすべて首相と大統領のみという舞台設定がそれを可能にしたが、それでも双方の通訳は同席する。では、両首脳はいつ、どう通訳を置き去りにして核密約を交わすのか。「手続きに関する申し合わせ」には「会談の最後に」とあるだけで、核問題シナリオでも、「第一日目の会談の終りになる公算が多い」としつつ「ニクソン大統領が、自然な形で（中略）誘うまで待って頂きたい」とはっきりしない。

その誘いは、沖縄の核兵器の扱いに関する共同声明「第８項」について両首脳が合意した直後だったことが、米側議事録からうかがえる。「ニクソン大統領が佐藤首相に握手を求めた」姿を見た米側通訳は、「残念ながらこの歴史的瞬間の写真はない」との感想を述べた上で、「大統領は、カリフォルニア州サンクレメンテの自宅の写真を見よう、と首相をプライベート・ルームに招いた。双方の通訳はその場にいなかった」と記録に残している。

核問題シナリオには「もちろん通訳は入れない」「この『プライベート・ルーム』にキッシンジャー氏が待って、直ぐに『イニシアル』をサインする（三分程度）」とある。実際はどうだったのか。存命のキッシンジャー氏の著作は多いが、この核密約に触れたものは見当たらない。一方で『他策』（４８０頁）には、初日の会談が「約束どおりだった」と国際電話をかけてきた佐藤首相と若泉氏のやり取りがある。「小部屋」とは「プライベート・ルーム」のことだ。

（若泉氏）　小部屋の方も、私の友人（キッシンジャー氏）の話のとおりでしたか。

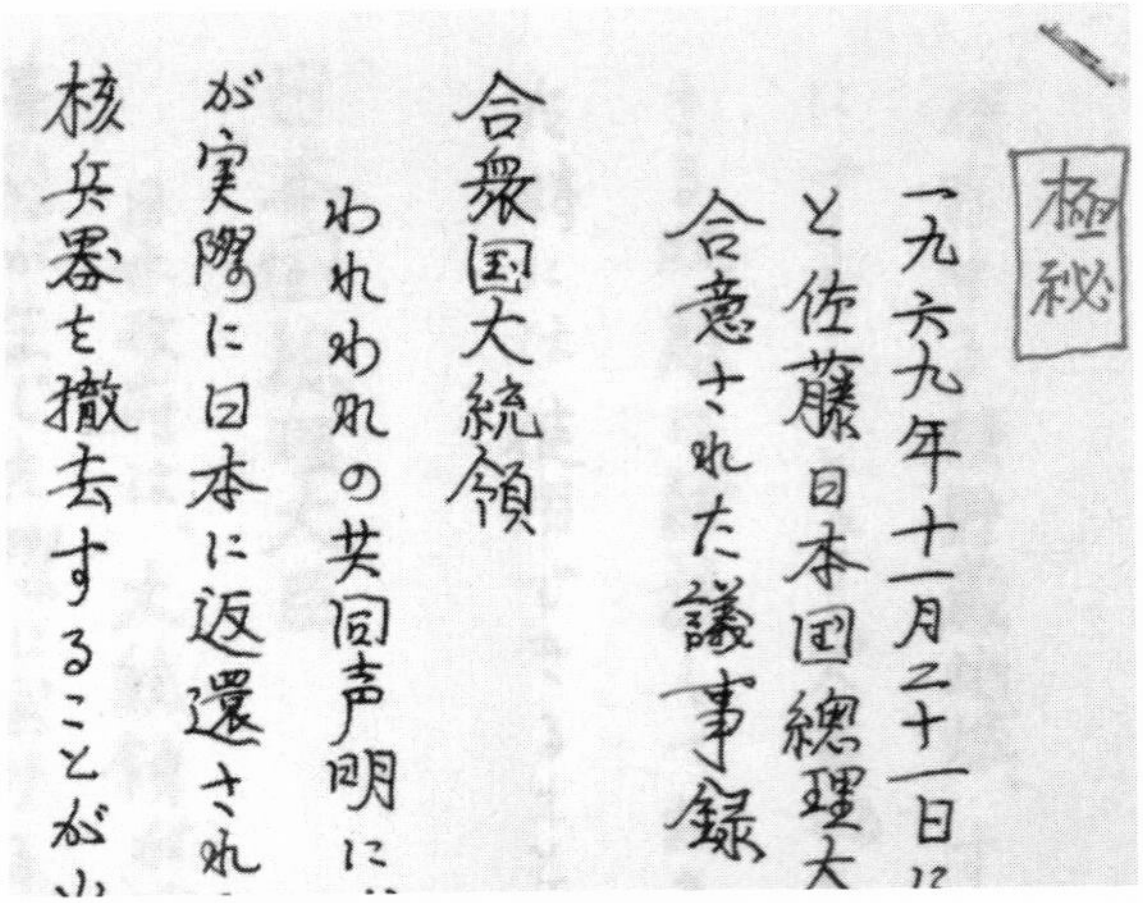
極秘
一九六九年十一月二十一日に
と佐藤日本国總理大
合意された議事録
合衆国大統領
われわれの共同声明に
が実際に日本に返還され
核兵器を撤去することが

核密約（合意議事録）草案の日本語訳のコピー

（佐藤首相）そう、そのとおり。ただ一つ違っていたのは、サインの件だけどね。別室へ入ったら、予定どおり君の友人がいて、紙があった。それに眼を通して確かめた。ところが、先に、向うの先生がフル・ネームでサインしてしまったもんだから、俺もそうしたんだ。

『他策』には、若泉氏がキッシンジャー氏と会談一週間前の１９６９年11月12日にまとめたとする、核密約（合意議事録）の英文草案が紹介されている。日付は会談最終日の11月21日とされ、両首脳の署名として「R．N．」「E．S．」とイニシャルが入れてある。実際に両首脳が署名した核密約の英文原本は、佐藤首相の次男信二氏が２００９年に明らかにしており、日付は会談初日の11月19日、署名はフルネーム。本文の内容は同じだ。

今回見つかった「若泉文書」の中に、若泉氏が１９９４年に信二氏に送った文書のコピーとして、その核密約の英文草案と、若泉氏直筆とみられる日本語訳がある。核密約の内容を紹介するために、後者の全文を掲載する。ルビは原文のママ。

極秘

一九六九年十一月二十一日に発表されたニクソン合衆国大統領と佐藤日本国総理大臣との共同声明についての合意された議事録

合衆国大統領：

われわれの共同声明に述べてあるごとく、沖縄の施政権が日本に返還される時までに、沖縄からすべての核兵器を撤去することが米国政府の意図である。そしてそれ以降においては、この共同声明に述べてあるごとく、日米安保条約及びこれに関連する諸取決めが沖縄に適用されることになる。

しかしながら、日本を含む極東の諸国の防衛のために米国が負っている国際義務を効果的に遂行するために、極度の緊急非常事態が生じた時には、米国政府は、日本政府と事前協議を行なった上で、沖縄に核兵器を再び持ち込むこと及び沖縄を通過させる権利が認められることを必要とする。その場合、米国政府は承諾の返答を期待するものである。更に米国政府は、沖縄に現存する核貯蔵地域、すなわち嘉手納《かでな》、那覇《なは》、辺野古《へのこ》並びにナイキ・ハーキュリーズ基地を、必要が生じた時に直ちに使用できる状態に維持しておき、極度の緊急非常事態が生じた時には使用できることを必要とする。

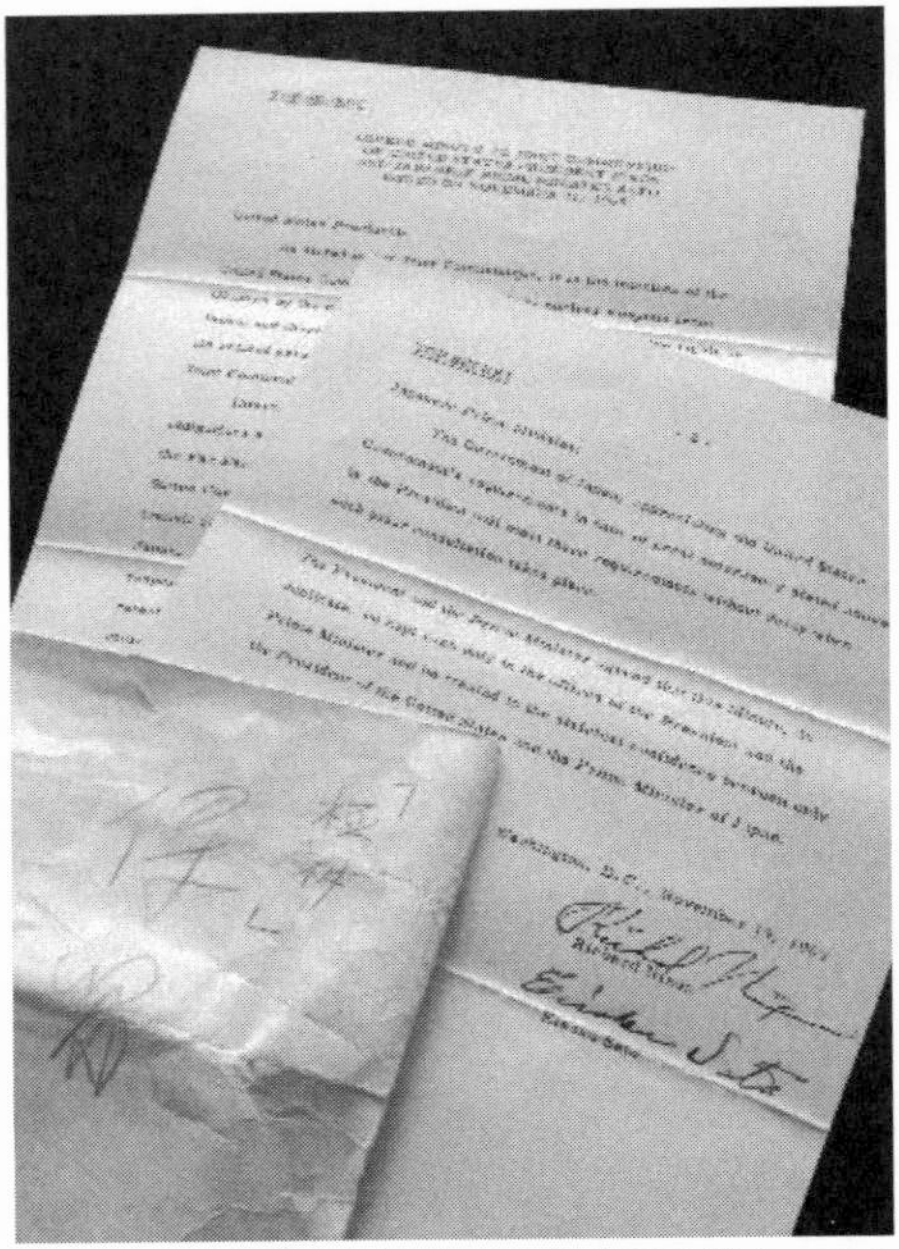

「沖縄への核再持ち込み」の密約文書の原本。ニクソン米大統領と佐藤栄作首相のサインがある

日本国総理大臣

日本政府は、大統領が述べた前記の極度の緊急非常事態が生じた際における米国政府の必要を理解し、前述の事前協議が行なわれた場合には、遅滞なくそれらの必要をみたすであろう。

大統領と総理大臣は、この議事録を二通作成し、一通づつ大統領官邸と総理大臣にのみ保管し、かつ大統領と総理大臣の間でのみ最大の注意をもって極秘裏に取り扱うべきものである、ということに合意した。

一九六九年十一月二十一日　ワシントンにて

R.N.

E.S.

『他策』で佐藤首相が若泉氏に伝えたように、核密約への両首脳の署名はイニシャルでということを若泉氏がキッシンジャー氏と確認し、佐藤首相にそう伝えていたことは、「若泉シナリオ」やこの草案日本語訳から明らかだ。にもかかわらず、本番での署名をニクソン大統領が先にフルネームで記した、と告げる佐藤首相からの国際電話は若泉氏の心を揺らした。『他策』（480頁）には「なぜだろう、と強い疑問がちらっと私の頭を鋭角によぎった」とある。

なお、この核密約について本書では、「日本国総理大臣」が緊急時に返還後の沖縄に米国が核兵器を再び持ち込むことを認めた点に注目しているが、両首脳の共同声明に明記されていない沖縄返還時の核兵器撤去について、「合衆国大統領」が共同声明に示された「米国政府の意図」と述べている点も重要だ。『他策』（451頁）には、佐藤首相のこんな言葉がある。

「この秘密文書で最初に大統領が言っていること、この第一のパラグラフだけを公表できるといいんだがなあ」

NPTでつばぜり合い

綱渡りではあったが最終目標の核密約にこぎつけたことで、核問題シナリオは9割方実現したといえる。1969年の日米首脳会談で、両首脳は核密約に署名することで、表裏一体の共同声明において72年の沖縄返還を打ち出せた。そして若泉氏が佐藤首相に徹底を求めた保秘は、若泉氏自身が94年に『他策』で首相密使としての過去を告白するまで守られた。

それゆえに佐藤首相が若泉氏に操られていたというイメージを持つ読者がいるかもしれないが、そうではない。確かに、沖縄返還のためにあらゆる手を打とうとする若泉氏の姿勢は凄まじく、核密約を渋る佐藤首相の背中を押す場面も『他策』にしばしば出てくる。しかしそれは、長期政権の大半をかけて沖縄返還に取り組んだ佐藤首相が、日米交渉で最大の焦点である沖縄の核兵器の扱いについては若泉氏に任せると判断したからだ。

核問題と繊維問題に関する「若泉シナリオ」全体を見ると、沖縄の核兵器以外の懸案について、実際の首脳会談で佐藤首相が若泉氏の意見を汲んだとはとても言いがたい。後述する繊維問題がまさにそうだが、いま見ている核問題シナリオの中にもそれはある。日本の核不拡散条約（ＮＰＴ）調印問題だ。

核問題シナリオと当時の外務省の対米交渉記録、そして実際の首脳会談録を見ると、高度経済成長で国力が増した日本の核保有を防ぎたい米国が望む日本政府のＮＰＴ調印について、会談で佐藤首相に明言させようとする若泉氏と、議論を避けたい外務省のつばぜり合いが見えてくる。

ＮＰＴとは、米国、ソ連、中国、英国、フランスの５カ国だけに核兵器の保有を認めて拡散を防ぎつつ、参加国すべてに核軍縮交渉の義務と原子力の平和利用の権利を定めた条約で、１９７０年に発効した。日本では核保有、核廃絶双方の立場から参加に異論があったが、70年に佐藤内閣で調印し、76年に三木内閣で国会承認を経て批准した。いま世界の大半の約１９０の国・地域が参加しているが、核兵器を持つとされるインド、パキスタン、イスラエルは入っておらず、核兵器開発を進める北朝鮮は脱退を宣言している。

両首脳の想定やり取りを記す核問題シナリオは5項目からなり、最後に日本のNPT調印がある。核問題を扱う会談初日に5項目すべてを話し合う前提で、沖縄返還に伴い米国の核兵器の扱いを共同声明でどう表現するかについての合意、緊急時の再持ち込みに関する密約への署名、沖縄の核ミサイル・メースBの撤去、日米両首脳間のホットラインの開設に続き、NPTという流れだ。

『他策』（415頁）にも、首脳会談9日前の1969年11月10日付で若泉氏がまとめた「キッシンジャー博士へのメモランダム」が掲載され、佐藤首相はニクソン大統領にNPT早期調印の考えを表明するだろうと記されている。ただ、核問題シナリオにはニクソン大統領の反応まで記されており、若泉氏がキッシンジャー氏とやり取りして加えた可能性がある。

シナリオでは、佐藤首相から「与野党に反対論や慎重論がまだかなり強いけれども、なるべく早い時期に調印する」と言い、ニクソン大統領が歓迎。佐藤首相が「沖縄の『核抜き』返還と取引されたという印象を与えることは絶対に避けなければならないので、外部には一切発表しないよう」求め、ニクソン大統領が同意する運びになっている。

一方、この問題は緊急時の沖縄への核兵器再持ち込みとは異なり、正規の外交ルートでも扱われ、しかも日米はぶつかっていた。国務省は会談で佐藤首相がNPT調印に前向きな姿勢を示すよう求め、外務省は会談の焦点を沖縄返還に絞ろうと抵抗する。その様子がわかる極秘文書が、外務省による2019年の外交文書公開の対象に含まれている。

沖縄の核兵器の扱いに関する「第8項」以外では正規の外交ルートで調整が進んでいた共同声明案で

は、会談4日前の段階で、両首脳が「軍備管理を討議した」という部分に「核不拡散条約を含む」と加えるかどうかは「未合意」だった。それが、会談2～3日前に東郷文彦・外務省アメリカ局長とスナイダー駐日米公使が共同声明案について詰めた記録では、「核不拡散条約を含む」、の削除に米側同意」となり、日本側が押し切っている。

実際の首脳会談では初日、NPTについては話が出ずに共同声明が決着して外務省が進めた通りになった。核密約への署名はほぼ若泉氏のシナリオ通りに運んだが、NPTの話は会談3日目の終盤で出て、シナリオとは全く違うやり取りになった。日米双方の会議録によれば、佐藤首相は「調印決定にはまだ早すぎるが、急いでほしい事情が米側にあるなら言ってほしい」と発言し、ニクソン大統領は「強要はしない。日本は主権国家であり自身で判断すべきだ。同じことを西ドイツにも言った」と語るにとどめている。

佐藤首相の「大局的判断」

こうした核問題シナリオの全体から、何が見えてくるのか。沖縄返還交渉に詳しい中島琢磨・九州大学准教授に2022年10月、リモートでパソコンの画面越しに聞いた。中島氏には、正規の外交ルートと若泉・キッシンジャールートの交錯を検証した著書『沖縄返還と日米安保体制』（有斐閣）がある。

「史料的価値は高いですね。沖縄返還で核兵器をどう扱うかは、日米両首脳でしかできない判断だった。そこに至る佐藤首相とホワイトハウスの秘密交渉や、それを若泉さんとの共同作業として説明してきた若泉さんの著書の内容が裏付けられ、歴史的事実として確定できる」

凝縮されたコメントだ。かみ砕くとこうなる。

沖縄の１９７２年返還と核兵器の扱いが肝だった69年の日米首脳会談に向けた若泉・キッシンジャールートでの極秘交渉については、すでに『他策』に詳しく、米政府の開示文書でも一部確認できる。首脳会談で返還に伴う核兵器の撤去に米国が応じる一方、緊急時の再持ち込みを日本が認めるという密約への段取りをどう詰めたかも『他策』にある。実際に両首脳が署名した密約文書も佐藤首相の遺品として２００９年に遺族が明かしている。

リモート取材に応じる中島琢磨・九州大学准教授

しかし、密使としての過去を若泉氏自身が公にした史料は『他策』だけだ。ゆえに今回見つかった、ニクソン大統領との会談に臨む佐藤首相に向けた核問題シナリオは、佐藤首相と連携して核問題でキッシンジャー氏と極秘交渉を進めたという若泉氏の著書の内容を裏付けるというわけだ。

核問題シナリオには、唯一の同席者である双方の通訳に悟られぬよう別室に移って密約を交わすに至る段取りが『他策』よりも詳しく記されている。そこに中島氏は、現実の首脳外交に深々と関わる国際政治学者としての若泉氏の高揚を見て取る。

「国際政治はリアリズムであり、戦争で奪われた沖縄が裏紙（密約）一枚で戻るならやるべきだ、という思いを感じます。その裏紙を若泉さんはキッシンジャー氏から渡された文書をもとにまとめている。外務省が何とか避けようとした、日米安保体制の法体系に穴を開けることへの無自覚性すら感じます」

緊急時に沖縄に核兵器の再持ち込みを認める密約は、1960年の日米安保条約改定時に両政府で合意した事前協議制度を骨抜きにする。それが「穴を開ける」ということだ。沖縄返還交渉で外務省条約局の中堅としてそれを避けようと腐心した栗山尚一・元外務事務次官が、かつてインタビューで「密約もへちまもない」と若泉氏の動きに不満をあらわにしていた、と中島氏は振り返る。

首脳会談前、正規の外交ルートで外務省が国務省に示していた共同声明での沖縄の核兵器に関する「第8項」の最終案は、結果的にほぼ実現している。栗山氏にすれば、両首脳の共同声明こそが、沖縄への核兵器再持ち込みはあり得るという米国の立場をふまえたぎりぎりの線であり、若泉・キッシンジャールートで核密約にまで踏み込んだのは不要で危険な譲歩だったというわけだ。

ただ中島氏は、「最後の最後は清濁併せのんでの佐藤首相の判断でした。その重い仕事をともに担ったという面から若泉さんは評価されるべきではないでしょうか。後世から見れば、佐藤首相のもとで若泉氏が外務省の最終案を守った形にもなっています」と話す。前述の通り、共同声明での核問題に関する外務省の最終案は、首相官邸で手が加わったものが若泉氏に渡っていた。若泉氏はこれを用いてキッシンジャー氏と交渉し、共同声明の内容での合意から密約に至る核問題シナリオにはめ込んでいた。

「シナリオと実際の首脳会談を比べると、何とか沖縄返還を実現しようと若泉氏が示したすべての案に佐藤首相が乗ったわけではないこともよくわかります」と中島氏。前述の日本政府のNPT調印問題を挙げて、こう指摘する。

「日米首脳会談が迫る中、正規の外交ルートでは日本の核保有を防ぎたい米国務省がNPT早期調印を強く求め、沖縄返還に絡めるやり方に外務省は抵抗していました。ただ、日本政府は会談から数カ月後の1970年2月、NPT発効の前月に調印しています。佐藤首相はNPT調印について、若泉氏の言うように日米首脳会談で米国の希望に応じる形ではなく、外務省の方針に沿う形で日本の姿勢を国際社会に示したと言えます」

佐藤首相は沖縄返還のために米国と核密約を交わす一方、沖縄返還と切り離す形での日本のNPT調印にこだわった。それが退任後の1974年、「環太平洋地域安定への貢献とNPT調印」を理由としたノーベル平和賞受賞につながったことも、記憶にとどめておくべきだろう。

核問題や繊維問題の「若泉シナリオ」は、若泉氏が晩年に佐藤首相の次男信二氏に送り、コピーを信二氏の娘の夫の阿達雅志参院議員が保管していた。中島氏は語る。

「若泉案や外務省案がせめぎ合う中で、佐藤首相が大局的に取捨選択していた様子がうかがえます。若泉さんは、自身から見ればうまくいかなかった部分も含めて明らかになる史料を佐藤家に託した。それが継がれていたことで沖縄返還交渉が再評価できる。沖縄問題は簡単ではない、多角的に考えてほしいという、若泉さんの思いが詰まっているようです」

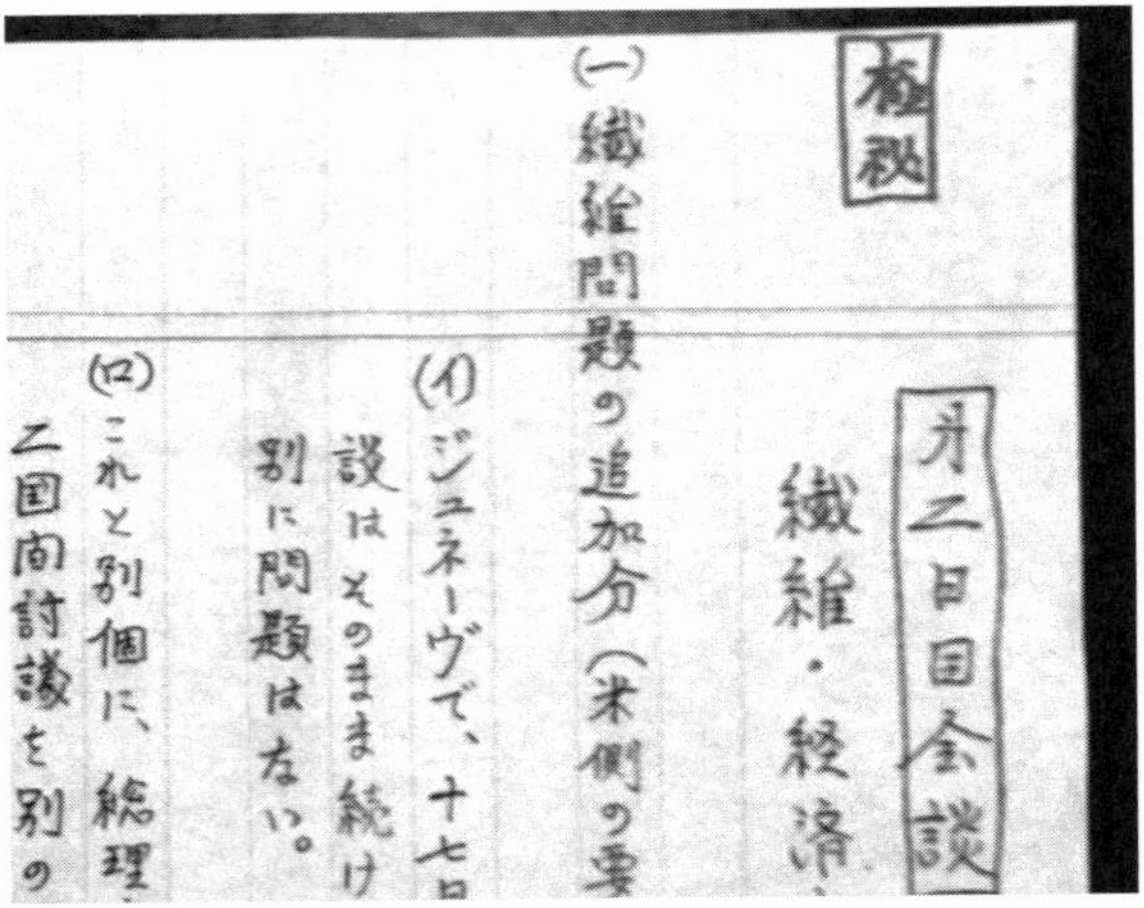
極秘
第二日目会談
繊維・経済
(一) 繊維問題の追加分（米側の要
(イ) ジュネーヴで、十七
議は そのまま 続け
別に問題はない。
(ロ) これと別個に、総理
二国間討議を別の

「繊維・経済問題について」のコピー

繊維問題シナリオ

次に、繊維問題の「若泉シナリオ」について考える。1969年の日米首脳会談に備えた佐藤首相向けの「若泉シナリオ」は二つ。緊急時に核兵器を再び沖縄へ持ち込む密約へと両首脳を導くもののほかに、もう一つあった。

68年の米大統領選で初当選した共和党のニクソン大統領が、繊維産業が盛んな南部の民主党の票を取り込むため公約に掲げた日本などからの安い繊維製品の輸入規制を果たそうと、佐藤首相から言質を取って密約を結ぼうとしたものだ。

まず、繊維問題シナリオの全文を掲載する。「繊維問題について」「繊維・経済問題について」という二つの文書と、佐藤首相の考えとして箇条書きにされ、その前半が欠けているもう一つの文書の計3点からなる。

極秘

繊維問題について

（第二日目の議題とする）

※（後の「メモランダム」参照）

（一）まず佐藤総理よりニクソン大統領に対して、対米繊維輸出自主規制問題についての基本的な考え方※を話す。即ち、二国間交渉方式よりも、ガットの場において、すべての主要関係当事国による多国間交渉を行ない、これらの諸国が受諾できる国際協定を成立させることによって解決を図ることが、そのため多少時間がかゝっても正当かつ効果的な方策であると確信する旨を述べる。

更に、この基本的な政策にニクソン大統領が賛成であるならば、佐藤総理としては、この方針に沿って実効ある前進を遂げる目的をもって、この際特に日米両国の間で予備的な話し合いを極秘裡に開始する用意があることを提案する。

（二）これに対して、ニクソン大統領は佐藤総理の基本的見解を多とし、それに基くこの提案を歓迎する。そして佐藤総理に対して、日米両国政府は速かにそれぞれ信頼できる権限をもった代表者を任命し、極秘裡に日米両国間で繊維問題について有意義な話し合いに入ることを提案する。

（三）佐藤総理はこの提案に同意する。

（四）佐藤総理とニクソン大統領は、この繊維問題が沖縄返還交渉と何ら関連をもたない別個の問題であることを改めて相互に確認し、両者はそのように取扱うことを約束する。更に繊維問題は「共同声明」に含めないのみならず、これに関する合意事項は一切公表しないことを再確認する。（以上）

× × ×

米側の求めている
了解事項の具体的内容

以上の佐藤、ニクソン両首脳の合意成立の前提として相互の事前了解事項は次の通りとする。但し、両者は首脳会談においてこのことには言及しない。

（1）この日米二国間の予備的な話し合い（又は討議）〈交渉ではなくディスカッション〉は、本年十二月早々に開催することとし、場所は双方の合意するところでよいが、米側としてはホノルルもしくはジュネーブを希望する。

（2）この日米間の討議においては、左記の実質的内容についての了解《アンダスタンディング》を年内（十二月末まで）に達成することを確実な目標とする。そして合意に達した了解事項は文書で確認しておきたい。但しその内容は、ガットで多国間会議が開催されるまで極秘として一切公表しない。

了解さるべき実質的内容の細目（つまり米側の求めている条件）

（これはまず日米二国間で討議するが、ガットでの多国間交渉において米国が要求する国際協定の条件である）

イ　対米繊維輸出諸国は、毛及び化合繊（混紡も含む）製品のすべてを対象として包括的な対米輸出の規制を行なう。但し、包括的といっても若干の柔軟性は認める用意がある。

ロ　右規制の基準は、一九六九年六月三十日で終った過去十二ヶ月間の右記繊維製品の対米輸出実績のレベルを越えないものとする。それに加えて、毎年各国にそれぞれ、米国市場の増加にほぼ等しい比率の輸出増加を認めることとする。

ハ　ガットの場で最終的に到達すべき多国間の新しい国際協定の細目は、現存する長期国際綿製品協定に準じたものにする。

ニ　新しく結ばれる多国間国際協定は、少なくとも五年間の有効期限をもつものとする。

ホ　右国際協定は、一九七〇年一月一日より発効するものとする。

（3）ガットで国際会議が開催された時に、日本は初めて（2）において了解し合意された事項を日本の政策として発表する。

（4）日米二国間の討議においては、同時に、両国がガットでの国際会議における多国間交渉に臨むそれぞれの態度について協議し、合意しておくものとする。

（5）米国政府は、右の日米二国間討議及び了解を一切明らかにすることなく、韓国、台湾、香港とそれぞれ同様な二国間討議を始めるよう働きかけ、ガットにおける多国間交渉を成功させる道をきりひらく意図である。

(6) 来年一月に予想される日本の総選挙が終った後、できるだけ早い時機に、米国政府はガットオ二十二条によって、すべての毛、化合繊(混紡を含む)製品の対米輸出規制に関する一般協議を行なうためすべての主要関係国の国際会議を開催するよう求める。

(7) 米国政府としては、このガットの国際会議において、(4)に基く日本の〝最大限の援助〟によって、先に実質的内容の細目(2)のイロハニホ)について日米間で到達した了解合意の線にそったところの、主要な関係当事国すべてを含む多国間国際協定が来年の三月末か、遅くとも四月中には成立することも強く希望する。そのため米国政府は、日本政府がこの国際協定の成立を日米両国共通の目標として、ガットにおける国際会議で米国の立場を支持することを約束するよう求めるものである。

極秘 オ二日目会談

繊維・経済問題について

(一) 繊維問題の追加分(米側の要請)

イ ジュネーヴで、十七日から始まる日米二国間の大使級会談はそのまま続ける。これは既に発表されているので別に問題はない。

ロ　これと別個に、総理大臣と大統領の間で合意した日米二国間討議を別の場所で、秘密裡に行って、実質的な了解事項について合意に達するものとする。従って、双方ともこの討議に参加する代表は信頼できる権限を与えられた代表者を任命するものとする。

ハ　以下は別紙に同じ。

（二）貿易、資本の自由化について

イ　ナショナル・プレス・クラブの演説でなるべく具体的にふれてほしい。

ロ　それまでは公表は一切しないが、総理大臣は来年六月一日までに日本側から発表することを前提として、それまでに行う貿易自由化、資本自由化の内容をできるだけ具体的に、プライベートに、ニクソン大統領に話して頂けると大変有難い。

以下は3点目の文書である。1枚目が欠けて、「2枚目」を意味すると思われる（2）が冒頭に記され、文章が途中から始まっている。繊維問題に対する佐藤首相の考えとして、「才三に」の手前から「最後に」までが記されている。

（2）

でもって臨むかということを打合せるだけでなく、日本の対米繊維自主規制の実質的な問題についてもある程度までの相互の了解に到達できることの期待がもてるかもしれない。佐藤総理の希望されるところは、このような日米両国間の話し合いと了解に基ずいて、ガットにおける多国間交渉方式を通じながら、不当に遅延することなく国際的な協定を生み出すために、日本が有意義な役割を果し得るかも知れないということにある。

才三に、以上の深い考慮に基いて、佐藤総理は、来るべきニクソン大統領との首脳会談において、大統領に対して、これが完全に極秘裡に行われるということを条件として、日本と米国との間に以上述べた予備的な話し合いを始めてもよいと提案する用意をもっておられる。

才四に、佐藤総理は、以上述べた方向で進むことは、おそらく若干時間がかかることになるであろうけれども結果的には米国に繊維を輸出しているすべての主要諸国の国際的な自主規制協定を成立させるための良いアプローチであると考えておられる。そして総理は、主要当事国によって受諾できる解決策を見出すことは可能であると信じており、この目的を達成するために自己の最善を尽くす決意でおられる。

才五に、佐藤総理が特に強調しておられるのは、この繊維問題を（また他の経済問題を）沖縄の返還交渉とからませることは絶対に避けたいということである。ニクソン大統領以下米国政府の立場も最初から両者は別個の問題であり切り離して取扱うべきであるという基本的態度を取ってこられたとわれわれは理解している。従って来るべき佐藤・ニクソン会談において沖縄と繊維が結びつけられ、両者が〝取引された〟というような印象を外部に与えることは絶対に避けるよう米側において充分の配慮を拂われるよう強く要望しておきたい。

最後に、佐藤総理は繊維問題とは別に、日本が貿易（残存輸入制限）の自由化と資本の自由化をできるだけ促進することを真剣に考慮しておられる。

『他策』との照合

まず、この繊維問題シナリオを『他策』の内容と照合しておく。

シナリオ1点目「繊維問題について」は、『他策』（452、453頁）にある「繊維問題についての覚書」とほぼ同じ内容だ。この「覚書」を若泉氏は「キッシンジャー氏との了解事項に少し手を入れた次のような日本語訳」と説明し、佐藤首相が首脳会談のため米国へ発つ2日前の1969年11月15日に手渡したとしている。また、シナリオでは赤線で囲んで強調されている（7）は『他策』にはない。さらに両首脳の「了解事項」について、シナリオでは『他策』にはない「米側の求めている（了解事項）の具体的内容」と言葉が加えられている。

シナリオ2点目「繊維・経済問題について」は、『他策』には完全に対応する文書は出てこない。これは首脳会談数日前のキッシンジャー氏からの要請をまとめたものとみられ、「(一)繊維問題の追加分」の内容はほぼシナリオ1点目「繊維問題について」に含まれている。「(二)貿易、資本の自由化について」の内容は、『他策』ではキッシンジャー氏から口頭で求められた内容で、(イ)は1969年11月12日にホワイトハウスで(435頁)、(ロ)は16日に国際電話で伝えられている(462頁)。

シナリオ3点目の文書は1枚目が欠けていると思われ、その内容は『他策』(411頁)にある「極秘　キッシンジャー博士へのメモランダム　一九六九年十一月十日　繊維問題」(若泉氏訳)にほぼ含まれている。若泉氏は、ニクソン大統領の選挙公約として繊維問題を持ち出してきたキッシンジャー氏に対し、佐藤首相の考えとして箇条書きにしたこの「メモランダム」の英文原本を、1969年11月9日にホワイトハウスでキッシンジャー氏に手渡したとしている。この「メモランダム」とシナリオ3点目の文書が同趣旨だとすれば、このシナリオ3点目の文書は、シナリオ1点目「繊維問題について」の表題の後に記された「後の『メモランダム』参照」の「メモランダム」にあたる可能性がある。

「糸と縄」

『他策』(348頁)によると、繊維問題は1969年9月下旬、若泉氏がキッシンジャー氏からホワイトハウスで「むしろ大事なのは繊維だ」と告げられ、11月の首脳会談に向け、核問題に加えもう一つの焦点として急浮上した。今回見つかった「若泉シナリオ」と照合すると、若泉氏が繊維問題についても、極秘交渉で合意したことだけでなく、ニクソン大統領の意向として伝えられたことも文書にして、佐藤首相が首脳会談のため米国へ発つぎりぎりまで伝えようとしていたことがわかる。

それでも結論から言えば、この繊維問題シナリオは崩れた。ニクソン大統領は１９６８年大統領選で繊維製品の輸入規制を公約しており、輸出する日本の対応を望んでいた。『他策』（４５５頁）には、キッシンジャー氏に迫られた若泉氏が、「国際権力政治と外交」において沖縄返還との「取り引き」はやむを得ないと述べるくだりがある。だが、佐藤首相は実際の首脳会談で繊維問題の議論自体に消極的で、話は進まなかった。

沖縄返還に絡めて「糸と縄」とも呼ばれた日本の対米繊維輸出規制問題に、信夫隆司・日本大学特任教授（前出）は詳しい。「若泉シナリオ」、特に繊維問題シナリオをどうみるのかについて、２０２２年10月に東京都内で話を聞いた。

取材に応じる信夫隆司・日本大学特任教授

信夫氏はまず「若泉シナリオ」全体について「若泉氏の筆跡であり、若泉氏が著書に記した密使としての活動を裏付けるとても重要な史料です」と述べ、そのうち核問題シナリオについては「日米首脳会談に臨む佐藤首相向けに核密約を結ぶ手順を詳細に説明した一次史料は初めて見ました。返還後の沖縄への核兵器再持ち込みがいかに慎重に練られたかがわかる」と評価した。
その上で、「佐藤首相は若泉氏のシナリオすべてに乗ったわけではなく、繊維輸出規制の密約には応じなかった。沖縄への核兵器再持ち込みは将来の話だが、繊維輸出規制はすぐ結果を問われる。実現は保証できず、沖縄返還と絡めてはまずいという判断があった」と指摘した。

日米両首脳が密室で署名する段取りまで記して実現した核密約のシナリオに比べ、繊維問題シナリオは一見詳細だが段取りが曖昧だ。会談で想定される両首脳のやり取りの後に、その前提ということで密約にあたる「了解事項」7項目がずらりと並ぶだけだ。

信夫氏に繊維問題シナリオのコピーを示すと、こんな感想だった。「若泉さんはここまでが精いっぱいだったんじゃないか。核問題と違って、いくら佐藤首相に言っても耳を貸してくれない。繊維の話となると、ぷいっと横を向く。だから会談での具体的な進め方までは書かれていない」。確かに『他策』には随所に、若泉氏が沖縄返還のためにと繊維問題での譲歩を佐藤首相にしきりに促す様子が、その手応えの弱さとともにありありと記されている。

繊維問題シナリオによれば、若泉氏が望む首脳会談の大まかな流れはこうだった。

首相　対米輸出規制問題の解決には、GATT（関税貿易一般協定）の場で多国間協定を成立させるのが効果的だ。極秘に日米で予備的な話し合いをする用意がある。

大統領　歓迎する。速やかに日米で話し合いに入ることを提案する。

首相　同意する。

両首脳　この問題が沖縄返還交渉と何ら関連しないこと、共同声明に含めないこと、合意事項を一切公表しないことを確認する。

続けて、「合意事項を一切公表しない」という密約、つまり両首脳の暗黙の「了解事項」が記されている。米国に繊維を輸出する韓国、台湾、香港を含む協定での「包括的」規制の具体的基準について、日米の極秘交渉であらかじめ了解に達しておく。その期限は首脳会談翌月の「12月末」——これが核心だった。

「包括的」とはどういう意味なのだろう。信夫氏は「米国の保護主義ですね」と話した。

「米国の繊維業界を守るために輸入を一定の規模に抑えようとした。具体的にどの製品が輸入に押されて被害を受けているからということではなく、それこそ包括的にです。その隠れ蓑として、ニクソン大統領は自由貿易を推進する国際的な枠組みのGATTを利用しようとしたわけです」

シナリオの変転

だが、繊維問題シナリオは首脳会談直前にかけて変転する。3日間にわたる会談で繊維問題の議論は2日目からだったが、『他策』(503頁)によると、初日の会談終了後、キッシンジャー氏が東京の若泉氏に電話でこう伝えてきた。やはり繊維問題は大統領から「多国間会議で、包括的な規制について国際的解決を図る」と切り出す。首相には、その前提となる「包括的」規制のための日米協定を「今年末」

までに作ろうと述べてほしい――。

日米両政府の会談録によると、実際に2日目の冒頭にニクソン大統領は繊維問題を持ち出し、GATTの場で多国間協定を目指すと述べ、佐藤首相は日米で予備的話し合いをと語った。だが、かみ合わなかった。佐藤首相は原則論も強調し、米国の繊維輸入制限を認めるなという「国会決議に拘束されている」、「クオータ制（輸入制限）は自由化と反対の方向」と述べたのだ。

『他策』（514頁）によると、2日目の会談終了後、キッシンジャー氏は若泉氏に国際電話で「（大統領は）満足していない」と伝えている。今後の日米交渉で「12月末まで」に「包括的」規制に合意するというキーワードが、密約にあたる「了解事項」を佐藤首相が心得ていることを示すはずなのに、その言葉がなかったというのだ。

若泉氏はキッシンジャー氏からの話として、沖縄返還を含む共同声明が出せないかもしれないという「脅し」も含め、電話で佐藤首相に伝えた。だが佐藤首相は固かった。3日目の会談で「12月末までに話をつける」とは述べたが、ニクソン大統領が「包括的」規制への協力を求めたのに対し、「包括的」という言葉をとことん避けつつ、「最善を尽くすことを信頼してほしい」と述べるにとどめた。

キッシンジャー氏は会談前日になって若泉氏に、繊維問題をどちらから切り出すかを逆にすると伝え、当初暗黙の「了解事項」のはずだった内容、つまり「包括的」規制に関する「12月末まで」の日米合意という密約のキーワードを佐藤首相が会談で発言するよう求めてきた。そして、繊維問題との取引にしないと言っていた沖縄返還さえ揺さぶりに使ってきた。

核問題では若泉氏とキッシンジャー氏を通じた両首脳の意思疎通があり、密約を含めほぼシナリオ通りに運んだが、繊維問題では崩れ、密約は宙に浮いた。なぜだったのだろう。

信夫氏が指摘するように、佐藤首相が繊維問題に乗り気でなかったのは確かだ。日米首脳会談のおよそ半年前、国会での野党の質問に対して「繊維規制問題を沖縄返還問題のための取引の材料にする考えは毛頭ございません」と言い切っている。

佐藤首相には繊維輸出規制自体への強い疑問もあった、と信夫氏は指摘する。「いくら首相だからといって、米国の要望に基づいてそんなことを日本の繊維業界にお願いできる立場にはない。繊維業界は業者も品目も非常に多く、包括的な輸出規制なんて実際はできないだろうと佐藤首相は渋っていました」

緊急時に沖縄への核兵器再持ち込みを米国に認める密約は、緊急時が起きなければいいし、起きれば日本を守るためにやむを得ず認めると、その時に判断したように国民に説明できる。だが繊維輸出規制は密約を交わしてしまうと、果たせるかどうかもわからないのに米国から目に見える結果を迫られる。沖縄返還を最優先した佐藤首相にとって、繊維密約は核密約よりリスクが高かったとも言える。

繊維問題シナリオの破綻は、沖縄返還が米国の保護主義に巻き込まれることを避けようとした日本外交のぎりぎりの選択の証しでもあったのだ。

だが、ニクソン大統領肝いりの繊維問題でキッシンジャー氏と練った「若泉シナリオ」の破綻は、日米両首脳間の関係を悪化させた。信夫氏が確認した米政府の開示文書によると、ニクソン大統領は会談の数日後、キッシンジャー氏に「佐藤は包括的という言葉を避けた。会談録を精読しフォローアップを」

と指示する。その後の日米協議では「12月末まで」も実現せず、ニクソン大統領は佐藤首相への不信を強めていく。

繊維問題の決着は1972年1月、佐藤内閣の田中角栄通産相の判断で繊維輸出自主規制を明文化した日米繊維協定調印までもつれ込む。結局繊維で押し込まれた日本に対し、米国はその後に半導体や自動車でも輸出規制を要請する。日米貿易摩擦は90年代まで続くことになる。

若泉氏は1994年の『他策』(458、459頁)で、繊維問題に関する「悔恨の念」をこう述べている。

「総理にとっても私にとっても、繊維は、ニクソン大統領、キッシンジャー補佐官と異なり、第二義的な問題に過ぎなかった。しかも沖縄とセットにされることに二人とも不快感を感じていたため、心理的にも、それを深く検討しようという意欲に欠けるものがあった。これは、最高の政策決定者およびそれを補佐する者としては、明らかに基本的な誤りであった」

先に照合した通り、繊維問題での密約にあたる「了解事項」については、若泉シナリオには『他策』にない表現がある。『他策』(451頁)には「キッシンジャー氏との了解事項」とあり、その内容に若泉氏も納得しているように読める。だが若泉シナリオでは「米側の求めている『了解事項』の具体的内容」と記され、「了解事項」という表題のトーンを弱めるかのように、両脇に小さな字で「米側の求めている」「の具体的内容」と添えられている。この部分を、若泉氏はどんな思いで書き込み、佐藤首相はどう受けとめたのだろうか。

「若泉シナリオ」全体についていえば、核問題シナリオがすべてを覆い隠す首脳密使外交の危うさを示す一方で、繊維問題シナリオはすべてを抱え込みきれない首脳密使外交の危うさを示す。『他策ナカリシヲ信ゼムト欲ス』という自著の題は、その吐露とも言える。

（3） 密約調査の有識者らは

民主党政権下での調査

「若泉シナリオ」の意義を考えるにあたり、違った角度からぜひ話を聞いてみたい人々がいた。2009~10年に民主党政権下で戦後の4つの日米密約について調査をした、外務省の有識者委員会のメンバーたちだ。それぞれが日本政治外交史の専門家であるというだけではない。調査対象に含まれていた1969年の日米首脳会談での合意議事録、つまり沖縄返還交渉での核密約について、この委員会が「密約ではない」と判断していたからだ。

委員会はその結論を示した2010年3月の報告書で、まず「密約」の定義について、近現代史をふまえてこのように示している。

「二国間の場合、両国間の合意あるいは了解であって、国民に知らされておらず、かつ、公表されている合意や了解と異なる重要な内容（追加的に重要な権利や自由を他国に与えるか、あるいは重要な義務や負担を自国に引き受ける内容）を持つもの」

その上で、沖縄返還交渉での核密約について「必ずしも密約とは言えない」とした。理由は二つで、①佐藤首相自身が「秘密了解」に慎重であり、また合意議事録を私蔵したため、この文書に後継内閣を拘束する効力はなかった、②合意議事録は、佐藤首相とニクソン大統領による共同声明を大きく超える負担を約束してはいない、というものだ。

私はこの結論に当時から疑問を持っていた。まず、米国が沖縄を返還する際に核兵器を撤去することや、緊急時に米国が沖縄に核兵器を再び持ち込むことを日本が認めることについては、共同声明にははっきり書けないから合意議事録を作ったという経緯が『他策』から明らかであり、非公表の合意議事録は公表された共同声明を大きく超える約束をしている。だから②の理由はおかしく、委員会の定義に照らして合意議事録は密約と言えるのではないか。

さらに①の理由については、委員会は合意議事録について、佐藤首相自身の認識や取り扱いから後継内閣への拘束力を持つとは考えられないので、「重要な義務や負担を自国に引き受ける」ことにならず密約の定義にあてはまらないとしている。しかし両国の首脳が署名した文書の効力を、一方の国の首脳の認識や取り扱いだけで否定することには無理があると考えていた。

今回見つかった「若泉文書」、特に核問題シナリオは、ニクソン大統領との会談に臨む佐藤首相のための核密約締結手順書といえるものだ。1972年返還を表明する共同声明には書けない沖縄の核兵器の扱いについて、会談のさなかに密約を交わすために、ニクソン大統領と話をどう運ぶかを綿密に説明し、保秘の徹底を求めている。佐藤首相はその通りに動いており、まさに密約の証拠ではないか。12年前に「密約とは言えない」と判断した有識者委員会のメンバーたちは、この核問題シナリオをどう捉えるのか。委員6人のうち3人に会って、尋ねてみた。

一体性と一過性

まず、有識者委員会で座長代理を務めた波多野澄雄・筑波大学名誉教授に2022年12月に聞いた。国立公文書館のアジア歴史資料センター長を務め、日本外交に関する文書に精通している。編著に『日本外交の150年―幕末・維新から平成まで―』(日本外交協会)がある。

若泉氏の直筆とみられる核問題シナリオを示すと、波多野氏はこう語った。

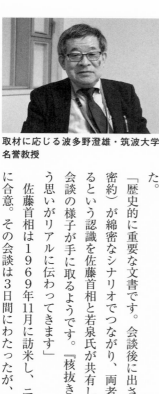

「歴史的に重要な文書です。会談後に出される共同声明と合意議事録(核密約)が綿密なシナリオでつながり、両者を一体として沖縄返還を実現するという認識を佐藤首相と若泉氏が共有していたことがよくわかる。首脳会談の様子が手に取るようです。『核抜き』で沖縄返還を実現したいという思いがリアルに伝わってきます」

取材に応じる波多野澄雄・筑波大学名誉教授

佐藤首相は1969年11月に訪米し、ニクソン大統領と沖縄の72年返還に合意。その会談は3日間にわたったが、最大の難関だったはずの核問題が初日に決着している。そのからくりが核問題シナリオに鮮明だと波多野氏は指摘する。

両首脳が会談の最中に外交当局にも伏せて、沖縄の核兵器の扱いに関する核密約をいかに結ぶか。その説明は『他策』にあるだけだった。今回見つかった核問題シナリオには、公表する共同声明での書きぶりの合意から核密約の署名へと至る運びが、「ニクソン大統領が」「佐藤総理は」と2人の言動を示す形で、佐藤首相に向けて脚本のように書かれている。波多野氏は「おそらくこの通りに進んだのでしょう。若泉氏の著書の記述を詳細に裏付けている」とみる。

波多野氏は、核問題シナリオで「この議事録は絶対極秘扱とする」などと保秘を徹底している点にも注目する。「共同声明での合意から合意議事録への署名が一連の流れになっている上に、共同声明に書けない部分を合意議事録にして極秘扱いを徹底している。首脳会談での両者の一体性をよく示しています」

「一体性」とは、共同声明をまとめるにはこの合意議事録が欠かせなかったという意味だ。それに加え、波多野氏は「一過性」も強調する。

「合意議事録は日本政府内で引き継がれた跡がなく、佐藤首相も若泉氏も、共同声明への沖縄の1972年返還明記をニクソン大統領にのませるためのやむを得ぬ最後の手段と考えていた節があります。そうした一過性がこのシナリオからもうかがえます」

例えば、核密約を米側では「ニクソン大統領（それにキッシンジャー補佐官）のみが承知していて、国務長官、国防長官は知らされない。この点を大統領は固く保障する」とある点だ。「知らされない」キーパーソンとして、キッシンジャー氏と直接やり取りをしていた米軍制服組のトップ、アール・ウィーラー統合参謀本部議長の名前が出てこないのはなぜか。

「沖縄返還交渉では、緊急時の核兵器再持ち込みに最もこだわっていた米軍をどう説得するかがカギでした。首脳会談前にウィーラー氏はキッシンジャー氏に具体的な要望を文書で示しており、それは若泉氏に伝わり、共同声明ではなく合意議事録に反映された。それがウィーラー氏には伝わって沖縄返還に応じるようにという説得に使われた可能性があることを、シナリオは示唆しています」

ただそうであれば、佐藤首相向けの極秘シナリオなのだから、逆に「承知して」いるキーパーソンの方にウィーラー氏の名があってもいいのではないか。そう問うと、波多野氏は答えた。

「米国の外交文書で軍の制服組トップの意向が直接反映された例を、私は他に知りません。若泉氏の著書によれば、キッシンジャー氏は大統領には相談していますが、文民統制上は国防長官を通すべきでした。そうした際どさを若泉氏はわかっていて、ウィーラー氏の名を伏せたのではないでしょうか」

合意議事録に反映された米軍の「具体的な要望」とは、緊急時の沖縄への核兵器再持ち込みに備えて、「沖縄に現存する核貯蔵地域、すなわち嘉手納、那覇、辺野古並びにナイキ・ハーキュリーズ（地対空ミサイル）基地」を、何時でも使用できる状態に維持するというものだ。

「正規の外交ルートを担っていた外務省は、政府が将来にわたって拘束されないよう、こうした密約の類いを避けた。それでも非核三原則を唱え、『核抜き』での沖縄返還を掲げていた佐藤首相は、返還実現のためには裏で認めざるを得ないと思い詰めた。その思いが若泉氏に託されて、一過性の合意議事録を生んだのではないでしょうか」

その密約は後の日米両政府をどこまで、どのように縛るものだと、佐藤首相や若泉氏は考えたのか。『他策』(355頁)では、キッシンジャー氏が「佐藤首相の後継者たちをも拘束するものでなければならない」と述べ、若泉氏は異論がなかったと記されている。その認識が佐藤首相に共有されたかは定かでないし、シナリオでも判然としない。「この点をどう考えていたのか、知りたいところです」

ここで波多野氏に、自身がかつて参加した、日米密約を調査した外務省の有識者委員会の結論について尋ねてみた。この合意議事録を「必ずしも密約とは言えない」とした件だ。

波多野氏はこう語った。

「有識者委員会では四つの密約の調査を6人の委員で分担し、私は軍用地の原状回復補償問題を担当しました。外交文書の管理と公開についての提言案も担当し、時間も限られる中で、担当以外の密約を検討する余裕がなかったのが正直なところです」

「(委員会の北岡伸一)座長が示された外交上の密約の定義は納得できるものでしたが、調査中に佐藤首相の遺族が合意議事録の原本を明かした時、どう考えればいいのか困惑したのは確かです。今回のシナリオの発見で、若泉氏と佐藤首相の立場から改めて『核密約』の意味を考える必要性を感じました」

なぜ「密約」と認めなかったか

波多野氏が触れた「外交上の密約の定義」について、もう少し詳しく考えてみる。

２０１０年に有識者委員会が公表した日米密約の調査報告書は、密約についての説明を、まず「かつて帝国主義外交の時代には、しばしば、秘密協定が存在していた。日本でいえば、１９０７年の日露協商など、公表部分とともに秘密部分があって、しばしば後者のほうが重要であった」と始める。

日露協商とは、１９０４〜05年の日露戦争後、朝鮮半島や中国大陸で立場を強めたい日本と、欧州方面でドイツに対抗するため極東で日本との関係を安定させたい帝政ロシアの間で、１９０７〜16年に結ばれた四つの条約だ。07年の第一次日露協商では、秘密部分において、ロシアは朝鮮での日本の地位を尊重し、日本は外蒙古でのロシアの地位を尊重することや、満州での日露間の権利や利益の境目が決められた。外務省はこの背景を「鉄道経営を通じた満州進出に意欲を見せるアメリカの動きを、日露両国が警戒したため」とサイトで説明している。

委員会の報告書はこの例をふまえ、前述のように「それらは、二国間の場合、両国間の合意あるいは了解であって、国民に知らされておらず、かつ、公表されている合意や了解と異なる内容を持つものである」とし、「厳密な意味では、密約とはそういうものを指して言うべきであろう」と、密約そのものを定義したのだった。

私は「若泉シナリオ」について、委員会の座長を務めた北岡伸一・東京大学名誉教授にも話を聞いた。北岡氏は、合意議事録は密約ではないとの立場を崩さなかった。

委員会の報告書には「佐藤首相はこの文書を私蔵したまま、その後、引き継いだ節は見られない」とある。北岡氏はそれをふまえ、「日本では行政権は内閣に帰属する。従って内閣で共有されていない文書が、内閣を拘束することはない。ましてや後継内閣を拘束するものではない」と強調する。「若泉シナリオ」が見つかったことについては「若泉氏の著書の信憑性が増しただけのこと。密約でないとの判断は変わらない」とし、沖縄返還交渉について「佐藤首相はいろんな手を使った。『若泉ルート』を追うだけでは全体像を探ることにならない」と述べた上で、首相秘書官だった楠田実氏から「密使は一人とは限りませんよ」と告げられたというエピソードも明かした。

では、有識者委員会で核密約の調査を担当した委員は、シナリオを見てどう思うのだろうか。

外務省開示文書から

河野康子・法政大学名誉教授は、民主党政権下の2009~10年に岡田克也外相の指示で行われた日米密約調査で、外務省の有識者委員会に参加した。著書に『沖縄返還をめぐる政治と外交　日米関係史の文脈』(東京大学出版会)などがあり、いまも一線で沖縄返還交渉の研究を続けている。委員会ではメンバーらが四つの「いわゆる『密約』問題」の調査を分担した。「必ずしも密約とは言えない」との結論となった返還交渉の際の核密約(合意議事録)の調査は、河野氏が担当した。若泉氏直筆とみられる核密約シナリオが今回見つかったことをふまえて、いまどう考えるかを聞こうと、2022年12月に東京都内で会った。

その話に入る前に、「必ずしも密約とは言えない」という結論に対する私の疑問を、もう少し掘り下げておく。もう一度、委員会の密約の定義を記すと、「両国間の合意あるいは了解であって、国民に知らされておらず、かつ、公表されている合意と異なる重要な内容（追加的に重要な権利や自由を他国に与えるか、あるいは重要な義務や負担を自国に引き受ける内容）を持つ」というものだ。

だが、合意議事録には共同声明にない「重要な内容」がある。特に、返還後の沖縄への緊急時の核兵器再持ち込みについて、「日本政府は米国政府の必要を理解し、事前協議で遅滞なく必要をみたす」、つまり認めると述べた上で、核兵器が置かれてきた沖縄本島の米軍基地を「いつでも使用できる状態に維持」と記した点だ。

事前協議制度とは、1960年の日米安保条約改定の際に両政府が設けた制度で、日本の安全や極東の平和と安全のために米軍が日本の領域や施設を使えるとした第6条に関しての取り決めだ。

①日本での部隊配置の重要な変更、②日本領域での装備の重要な変更、③日本防衛以外のための日本からの戦闘作戦行動について、日本政府との事前協議を米政府に義務づけたものだ。外務省はその目的を「我が国の領域内にある米軍が、我が国の意思に反して一方的な行動をとることがないよう」とサイトで説明している。

外務官僚らの密約調査チームの責任者の話を聞く岡田克也外相＝2009年9月30日

②には核兵器が含まれており、返還される沖縄への緊急時の再持ち込みについて事前協議で認めると約束することは、佐藤首相が掲げる「核抜き・本土並み」の沖縄返還と矛盾する。だからこそ日米両首脳は裏で合意議事録に署名したのだが、委員会は「共同声明の内容を大きく超える負担を約束したとは言えない」ので密約ではないとした。

なぜだったのか。2009年11月に発足した委員会が報告書を発表したのは翌年3月9日だが、河野氏は「議論の末に結論が固まったのは3月に入ってからでした」と述べ、ぎりぎりの判断だったと振り返った。それでも委員会として密約でないと結論したのは、共同声明には「大統領は事前協議に関する米国政府の立場を害することなく沖縄を返還する」と記されており、それで合意議事録の趣旨はほぼカバーされていたという見方からだったという。

「調査対象の文書として、当時の対米交渉を中心とする記録が外務省から示されました。読んでみると、共同声明だけで核問題に関する両首脳の認識を一致させようと尽力していた。そうした視点に立つと、沖縄返還交渉で合意議事録が共同声明を大きく超える役割を果たしたとは言えませんでした」

ただ、その「調査対象の文書」が十分だったのかという問題が、実は調査報告書自体にあらわになっている。調査期間中の2009年12月、佐藤首相の遺品として次男・信二氏が明かした、佐藤首相とニクソン大統領のフルネームでの署名がある合意議事録の原本の扱いがそれを示す。

外務省による日米密約調査は民主党政権が発足した2009年9月に始まり、まず官僚十数人のチームで担当。沖縄返還時の核密約に関する文書は省内で見つからなかったが、信二氏が合意議事録の原本を持っていたという報道を受けてコピーを入手し、若泉氏が『他策』で明かした合意議事録の草案の内容と比較したと、チームとしての報告書に記している。

（ただ、この調査チームの報告書に、合意議事録について「外務省として何ら了知していなかったことがうかがわれる」とある点には、注意を要する。「了知していなかった」と言い切れないのは、膨大な文書を調べたとはいえ、その結論が省内や在米大使館にあった文書のみに基づくからだ。一方で、『他策』〈274頁〉には前述の通り、沖縄返還交渉当時、若泉氏が佐藤首相の密使であることを愛知外相は知っていたと記されている。また、2010年に外務省が日米密約調査を終えるまでの間に、『他策』の出版や、信二氏が合意議事録を明かしたと伝える報道とは別の形で、外務省関係者が合意議事録の存在に関する情報を得ていた可能性を示す証言を、私は複数の取材対象から得ている）

取材に応じる河野康子・法政大学名誉教授

ところが有識者会議のほうの報告書では、合意議事録の原本に言及した部分の出典表記に、信二氏の公表を当時報道した読売新聞と朝日新聞、とあるだけだ。

沖縄への核兵器再持ち込み密約に関し、その本体である合意議事録の原本が見つかり、しかも外務官僚らの調査チームはコピーを持っていた。それなのに、調査チームの調査を精査する立場にあった有識者委員会には示されていなかったのだろうか。

河野氏は「コピーは委員会のメンバーに共有されておらず、私が外務省から見せてもらったこともありませんでした」と話した。

そもそも、「調査対象の文書」をメンバーらが手元に置ける仕組みではなかった。外務官僚らの調査チームが集めたファイルと、閲覧用のコピー数セットが省内の一室に置かれ、極秘文書が多く含まれるため職員が常駐して管理していた。持ち出しは禁止で、メンバーらは個別にその部屋を訪れ、自分が担当する分野の文書を閲覧していたという。

委員会の座長代理だった波多野氏に改めて聞くと、波多野氏は、調査チームが入手した合意議事録のコピーをその部屋で見ていた。信二氏が原本を明かしたという報道があったので外務省の職員に聞いたところ、示されたという。

「委員会の報告書で外交文書の管理と公開に関する章を担当していたので、報道に関心を持って尋ねました。しかし別の密約問題の担当でもあり、自分の調査に集中しました」。そう話す波多野氏は、合意議事録のコピーの存在を河野氏に伝えることはなかった。

また、有識者委員会の報告書には、2010年1月に信二氏にヒアリングをしたとあるが、内容は記されていない。波多野氏、河野氏とも、そのヒアリングがあったことを事後に知り、内容は知らされなかったという。

合意議事録が密約と言えるかどうか。メンバー全員での議論は2、3回で、なかなかまとまらなかったという結論が、「必ずしも密約とは言えない」となったことについて、あるメンバーは「河野先生は不満そうだった」と振り返る。

河野氏は「最後は委員会としての結論であり、私はその一員ですので」と多くを語らない。だがいまは、当時の調査について「密約かどうかを判断する史料が十分ではなかった」と考える。最近発見した文書に再考を迫られたのだという。

新たな史料で読み直す

その文書は、外務省が毎年末に公開する外交記録で、2019年に開示した中に含まれていた。「事前協議における諾否の予約と主権の問題」という題の3枚の極秘文書で、「7月30日大臣ブリーフ用に作成（大臣、北米、条約局長）」とある。

1969年のこの日午後、来日中のウィリアム・ロジャーズ国務長官と愛知揆一《きいち》外相が外務省で会談。この3枚紙は、そこで愛知氏が日本の立場を明確に示せるよう、外務省のアメリカ局と条約局で練ったものとみられる。

河野氏が新たに気づいたこの3枚紙には、「沖縄返還交渉において、わが方が、事前協議の諾否を、場合のいかんにかかわらず、米国との間にあらかじめ約束することはできない」とある。米国は沖縄返還後も、米軍統治下と同様に基地の自由使用を続けたいとこだわっていたが、それをきっぱりと断る主張だ。

その後の愛知・ロジャーズ会談録も併せて開示されており、愛知氏は実際にこの点を「日本の主権」の問題と述べ、「安保条約が何ら新しい取極なしに沖縄に適用されるようにすべきだ」と強調している。ロジャーズ氏が「NATO（北大西洋条約機構）を見てもわかる通り、これ位では主権がおかされたことにならぬ」と反論しても譲らなかった。

河野氏は、2019年に外務省が公開した他の文書も読み込んだ上で、こう話す。

「合意議事録に関する外務省の調査で委員会に示されたのは、対米交渉を担うアメリカ局にあった文書が中心でした。しかしその後に条約局の文書も出てきている。アメリカ局と周到に打ち合わせ、事前協議で米国に対して日本はイエスだという予約をすることは絶対だめだと確認していました」

「日本政府としてのこうした認識の上に、1972年返還を明記した69年の佐藤・ニクソン共同声明があると考えると、その裏で作られた合意議事録はやはり密約です。核兵器再持ち込みについて、事前協議でのイエスを予約するものですから」

その意味では、今回見つかった「若泉文書」の核密約シナリオは、こう位置づけられる。外務省には存在しないとされる、沖縄返還に伴う核密約に関する文書の一つ。緊急時の核兵器再持ち込みについて、共同声明には書けない事前協議でのイエスの予約を示す合意議事録に、両政府の外交当局にすら伏せて両首脳がいかに署名するか。主役の一人である佐藤首相がそれを演じ切るための詳細な脚本――。

河野氏はこうみる。

「若泉さんの著書には、そこをキッシンジャー大統領補佐官と練った経緯が詳しく、多くの研究で引用されていますが、裏付ける史料が公になっていません。このシナリオで、若泉さんが会談での運びを佐藤さんにどう伝えたかが具体的にわかる。第一級の史料であることは間違いありません」

「外務省の密約調査の時には日本側の史料は全部出たと思いましたが、まだまだ出てきました。沖縄返還交渉とは、密約とは何だったのかを、こうして新しい史料で常に読み替えていくということですね」

そんな河野氏から今後に向け、沖縄返還交渉の「理念」をめぐる提起が二つあった。

一つは、日米安保条約に基づく事前協議制度の「理念」とは何なのかだ。

「沖縄返還50年にあたり、多くの研究者やメディアの方々と話す機会がありましたが、若泉さんの著書の影響が大きく、事前協議と言えば日本がイエスを予約した形だけのものという理解がおおかたでした。でも、外務省が沖縄返還交渉で主権の問題だとしてこだわった、イエスもノーもあるというのが本来の理念ではないでしょうか」

確かに、日本政府の立場はいまもそうだ。民主党政権下で外務省に日米密約調査を指示した岡田克也外相は、沖縄への緊急時の核兵器再持ち込みに関する合意議事録は「いまや有効ではない」と米国と確認した上で、非核三原則は保つとした。ただし、「持ち込ませず」のうち核搭載艦船の一時寄港については、日本全体について緊急時には「その時の政権が命運をかけ決断する」という例外があるとも答弁し、いまの自民党政権に引き継がれている。

つまり、沖縄に限らず日本への核兵器持ち込みは緊急時にはイエスもあり得るが、予約はできないということだ。だが、沖縄返還交渉で外務省がこだわったこの立場が、それでも建前とみられがちになっているのは、政府や国会の姿勢にも責任がある。

台湾有事や朝鮮半島有事の際に、米軍の日本からの出撃や日本への核兵器持ち込みを、事前協議で認めるかどうか。認めた場合でも認めない場合でも、短期的に日本が戦争に巻き込まれるかもしれないし、中長期的に日本周辺の安全保障環境が極度に悪化しかねない。本来はかなり厳しい政治判断が求められるはずだが、近年の自民党政権下では、そんな場合に米軍が日本国内の基地を自由に使うのは当たり前だという声が専らだ。

河野氏のもう一つの指摘は、佐藤首相が掲げた「核抜き・本土並み」のうち、「本土並み」という「理念」はどうなったのかについてだ。

「合意議事録で返還後の沖縄に緊急時の核兵器再持ち込みを認めたことは、核に関して沖縄には事前協議を事実上適用しない、つまり沖縄の米軍基地の自由使用を意味しており、『本土並み』になりません」

その通りだ。そしてこの点こそが、世界一の軍事大国である米国の大統領との核密約へと佐藤首相を導いた、若泉氏の陥穽《かんせい》となったのではないか。

首脳会談を目前にして書かれた今回の核問題シナリオからも、『他策』でその頃の佐藤首相とのやり取りを記したあたりからも、沖縄返還を成し遂げねばという若泉氏の思いが伝わってくる。その切迫感は、密約によって「核抜き」を反故にすることはやむを得ないという、国際政治や安全保障に通じたリアリストとしての若泉氏の背中を押したことだろう。

だが同時に、日本に復帰する沖縄だけに緊急時の核兵器再持ち込みを認めることで、佐藤首相自身が語った「本土並み」も反故にした。さらに返還後の沖縄に残った多くの米軍基地が「在日米軍基地の集中」という形となり、沖縄の人々が切望する「本土並み」の実現に向けた日本政府の動きが遅々として進まない中で、ナショナリストとしての若泉氏の自責の念は募っていっただろう。

沖縄返還とは、沖縄戦の犠牲者をも含む同胞のためのものではなかったのか――。

核密約を告白した『他策』でそう自問する64歳と、核密約へと両首脳を導く手書きのシナリオに高揚感をにじませる39歳。あまりに対照的な二人の若泉氏が、この国のあり方を問い続けている。

(4) 岡田克也氏との対話

首相密使外交への厳しい指摘

本章の最後に、岡田克也氏にご登場いただく。民主党政権時に外相として日米密約問題の調査を指示し、2022年夏には野党第一党である立憲民主党の幹事長に就任。政府の外交・安全保障政策を国会でただし続けている。「若泉シナリオ」が見つかったことをふまえ、23年3月に朝日新聞のオンラインイベント「記者サロン」に招いた。沖縄返還時の首相密使外交への厳しい指摘から、今後日本が核兵器とどう向き合うべきかまで幅広く聞いた。その際のやり取りを再構成して掲載する。

――沖縄返還に合意した1969年の日米首脳会談の際に核密約が結ばれましたが、今回新たな文書が見つかりました。佐藤首相が外務省にも知られないよう、ニクソン大統領との会談中に核密約を結ぶためのシナリオで、沖縄返還交渉の首相密使だった国際政治学者・若泉敬氏の直筆とみられます。その核密約に両首脳が署名した原本が出てきたのは、岡田外相の指示で外務省が2009年に密約問題の調査をしていたさなかでした。当時どう思われましたか。

岡田克也・元外相＝朝日新聞のオンラインイベント「記者サロン」で

岡田　若泉さんの著書（1994年の『他策』）に具体的にいろんなことが書いてありましたから、密約はあるんだろうなと思っていました。ところが（2009年11月までの）外務省調査では何も出てこなかった。直後に佐藤信二さんが自宅にある（父・佐藤首相の遺品の）机の引き出しにありましたと明かされたので、やっぱりかという思いと、世紀の大発見じゃないかと。ニクソン大統領と佐藤総理のサインが肉筆で入っている、そのものが出てきたわけです。

――こうした国家機密に関わる文書がどうして私蔵されているのか。首相や側近が持つ文書について、日本にはルールがありません。

岡田　私が外務大臣を辞めた時はファイルを全部外務省に置いてきました。歴代首相も同様にしていて、私的に持つことはないはずです。役所には同じ内容の文書があり、うち一つはきちっと保管して、（外務省では）原則として30年経てば公開するというルールがあります。本でも書こうと思えば手元に置いておきたい気持ちはわかるが、辞めた瞬間に公の立場を退くわけですから、持っていてはいけない。佐藤信二さんが持っていたのは密約に関する文書なので、一般論とは分けて考えた方がいい。原本には両国のトップが署名しているから公文書で、若泉さんのシナリオは私的メモですが、いずれも外務省が全く知らなかった話なので、外務省にないのは当然でしょう。

――このシナリオを読むと、密約で沖縄返還を成功させたいという若泉氏の熱意とともに、危うさも伝わってきます。返還後の沖縄に緊急時に米国の核兵器再持ち込みを認めるというのは、佐藤首相自身が唱えた非核三原則にも、日米安保条約に基づく事前協議制度にも反します。ニクソン大統領が望んだ日本の繊維輸出規制についても、若泉氏はキッシンジャー氏と密約を準備しますが、これには佐藤首相は乗らず、両首脳の関係は悪化します。日米の国益がぶつかり合う沖縄返還交渉の最も機微なところを密使に委ねた佐藤首相のやり方について、どう思いますか。

岡田　あってはならないことです。もちろん若泉さんは信念の人であり、大変立派な方です。ただ全体像が見えていたわけじゃない。外務省と完全に切り離され、日米関係、繊維交渉も含めて全体の情報が入っていない中で交渉していた。キッシンジャーさんは国家安全保障担当の大統領補佐官ですから、米政府の中で必要な情報は全部取ることができた。　情報をすべて持っている人とほとんど持っていない人の交渉で、こんな危なっかしいことはない。

そもそもなぜ密使外交になったかというと、キッシンジャーさんはそういうやり方を好むところもあるが、基本的には佐藤総理が「核抜き・本土並み」を前面に掲げて交渉する一方で、核抜きじゃない決着を迫られていた。ふつうの外交ルートじゃ交渉なんかできない。総理大臣が嘘を言っているという情報がどこかで漏れてしまうから、密使という形でやった。若泉さんが不可能を強いられ、ふつうの外交ルートではとても結べないような、矛盾に満ちた密約が生まれたのだと思います。

実はこの佐藤・ニクソン会談で外務省は、以前からある別の密約を密約ではなくそうと大変な努力をしています。１９６０年の日米安保条約改定時に岸総理の下で事前協議制度ができ、（米軍が日本防衛以外のために）在日米軍基地から直接出撃する時は日本政府に事前に協議することになりますが、当時一番起こりそうだった朝鮮半島有事の際は事前協議なしでできるという密約を結んでいた。外務省の中でこれはよくないということで、この会談での共同声明やその時の佐藤総理の講演での発言で密約を無効にしようと事務方はすごく努力した。密約はいかんというまともな精神が条約局を中心にあった。その同じ会談で新たな密約が結ばれていたと後にわかり、外務省にとっては相当ショックだったんです。

——そこで、民主党政権時の日米密約問題調査について伺います。いまお話のあった、朝鮮半島有事の際の米軍出撃に関するものを含め４件が対象になりましたが、岡田外相が設けた有識者委員会は、沖縄返還時の核密約だけは「密約とは言えない」と判断しました。岡田さんは当時の記者会見で違和感を示されていました。

岡田　座長の北岡伸一先生はじめ、日本を代表する有識者の皆さんにご議論いただきました。沖縄返還時の核密約については、日本政府内で共有されておらず、効力がないから密約ではないというロジックだった。そうは言っても大統領と総理がサインをした紙ですから、いざという時にこの紙があるじゃないかと言われたら、政府は拘束されませんなどとは、少なくとも佐藤総理の在任中は絶対に言えない。佐藤総理の間は立派な公文書で拘束力があったので、これこそ密約ではないかと記者会見で申し上げた。ただ、私も専門家の皆さんに検討をお願いした立場なので、一回言っただけで封印したんです。

――「若泉シナリオ」発見をふまえて有識者委員会のメンバーだった方々に聞くと、座長を務めた北岡氏は、佐藤内閣の中ですら共有されておらず「密約とは言えない」とした当時の考えに変わりはないとのことでした。一方で座長代理の波多野氏は「若泉シナリオ」に再考を迫られると述べ、委員だった河野氏は、その後に外務省から開示された文書から密約と考えるようになったというお話でした。

岡田　委員会当時、北岡先生は座長で中心になって報告書をまとめられたので、若干ほかの先生方は遠慮されたのかなという感じです。当時から波多野さんや河野さんは、本当は密約じゃないかなという感じを持っておられたんじゃないか。北岡先生は一貫して拘束力がないとおっしゃる。しかし総理大臣がサインした紙があるじゃないかと米政府に言われたら、やっぱり拘束力がありますよね。

――この沖縄返還時の核密約について、朝日新聞が「記者サロン」の視聴者にアンケートをしたところ、否定的な意見が約8割でした。国民、特に沖縄県民への裏切りだ、沖縄返還は当然で取引すべきでなかったといった厳しい声がありました。

岡田　私も非常に問題だと思います。「核抜き」と佐藤総理が正面で言いながら、また核を持ち込めるという密約ですから。しかし考えてみると、沖縄の米軍基地に相当あった核を全部撤去することは米軍にとってかなりの譲歩だった。そもそも外交交渉で領土が返ってくることは世界的に見てもあまり例がない。だからぎりぎり、この密約を認めないと沖縄返還交渉は頓挫するかもしれないという状況に置かれた時に、国家の指導者としてどう考えるか。密約を作ってでも返還させるか、返還が先に延びたとしても密約を拒むか。相当厳しい政治判断を佐藤総理は強いられたと思います。この密約はおかしいけれども、だからといって簡単に佐藤総理を責める気持ちにはなれません。

「核兵器のない世界」への道

――それでは次に「核兵器のない世界」について伺います。日本が唯一の戦争被爆国として掲げる非核政策と、米国の核の傘に頼る安全保障政策の兼ね合いをどうするかは、沖縄が返還された半世紀前も今も問われています。そこに関して岡田さんは外相当時の２０１０年に、沖縄返還時の核密約についてはもう有効ではないと日米間で確認した上で、「持ち込ませず」を含む非核三原則は保つと表明されました。その一方で、沖縄に限らず日本全体について、核兵器を積んだ艦船の一時寄港について、「認めないと日本の安全が守れないような事態がもし発生したとすれば、その時の政権が命運をかけて決断し、国民に説明する」と国会で答弁されました。非核三原則の例外を認める発言でした。

岡田　非常にリスクを取って発言したつもりですが、メディアから攻撃されずにすんなりいってしまったのはちょっと意外でした。私の答弁は今の自民党政権に引き継がれています。原則は「持ち込ませず」ですが、一時寄港も含めて常に持ち込みはノーとなると、米国による核兵器の持ち込みを事前協議制度の対象にする意味がなくなる。状況に応じてイエスという余地があるからこそ事前協議なんです。

――視聴者へのアンケートでは、緊急時に核兵器の持ち込みを認めるかどうかの判断を「その時の政権」に任せることについて、反対が約9割でした。非核三原則を貫くべき、緊急時にならないよう外交努力を、ロシアのウクライナ侵攻を見ても核兵器頼りではいけない、といった声がありました。

岡田　非核三原則を守るのは当然です。国会でも1971年に決議をしました。ただ法律にはしていない。例えば核兵器を積んだ米軍の原子力潜水艦が、食糧やミサイル、魚雷を補給するためにグアムまで行かず日本に寄港したいという時、原則はだめだが、ぎりぎりそれが日本の安全を守るために必要な場合に例外を認めなくていいのか。その時の政権が状況を見て命運をかけて判断し、国民にしっかり説明するべきじゃないかという提起をしました。

ただここで問題なのは「持ち込み」の定義です。1960年の日米安保条約改定で事前協議の対象になった核兵器の「持ち込み」について、日本側は一時寄港も対象であり、非核三原則で認められないが、これまで米側から事前協議の話はなく、よって寄港もないと国民に言い続けました。ところが米側は、一時寄港は事前協議の対象外であり、事前協議の必要はないと日本側に伝えていた。だから実際は核兵器を積んだ艦船が日本に寄港していた可能性が非常に高い。

この件も私が外相の時の密約問題調査で対象になり、有識者委員会は、「持ち込み」の定義のずれを放置した日米間には事前協議なしの一時寄港について暗黙の了解があり、それは密約にあたると判断しました。実はこの日米間の認識のずれの問題はまだ決着がついてない。外相の時に相当議論を深めたつもりですが、その後自民党政権は全く触ってない。矛盾はいまも続いており、しかも米国政府は、戦略原潜以外の艦船には核ミサイルを搭載しないとしていた方針を変えている。何とかしないといけません。

――日本自身が、非核三原則と米国の核の傘との関係でそうした矛盾を抱えている中で、唯一の被爆国として「核兵器なき世界」を追求していけるのでしょうか。

岡田　全体としては難しい話じゃないと思うんです。かつては米国とソ連で互いを攻撃できる戦略核兵器の削減に合意し、実行したという実績がある。核兵器の数と役割を一歩一歩減らして「核兵器なき世界」を目指していく。米大統領当時のオバマ氏が言っていたように、我々の世代で実現はしないが着実に進めることはできるはずです。例えば核兵器を持たない国に核兵器を使わないという条約を作れるでしょう。戦争になっても核兵器を先に使わないという先制不使用の考え方を広げることも大切です。

いまのバイデン米大統領も、オバマ政権の副大統領当時から先制不使用を主張していた。ところが日本政府は核の傘が弱くなるからと、米国が先制不使用と言わないように強く働きかけている。岸田総理に国会で聞いても答えませんが、同盟国の日本政府がそうなので米政府は先制不使用という政策をとれません。岸田さんは「核兵器なき世界」と言うなら、先制不使用ぐらい認めたらどうかと思います。

――岡田外相当時に外務省内で、米国が先制不使用と言うのは日本の安全保障にとってまずいという意見はあったのですか。

岡田　かなりありました。オバマ政権が２０１０年に米国の核戦略を見直しますが、そこに向けて外務省内で相当議論した結果、私からクリントン国務長官への手紙で、先制不使用と言ってもらって構わないと伝えました。日本への攻撃を抑止するために先制不使用なんて言わないでくれ、と従来の自民党政権は言っていたかもしれないが、我々はそんなことは考えていません、と。

――いまの日本政府が米政府に核兵器の先制不使用を言わないでほしいのは、日本への通常戦力による攻撃に対し核兵器では反撃しないことになるので、東アジアで中国に押されてしまうからでは。

岡田　東アジアで日米の通常戦力が中国に対し劣勢だとは思いません。もちろん日本を取り巻く安全保障環境が厳しくなる中で、米国は日本に通常戦力を強めてほしいとは思っているでしょうが。

――だから岸田内閣は２０２２年末に、敵基地攻撃能力の保有を含む防衛力強化とそのための大幅な防衛費増額を決めたのではないですか。

岡田　その議論は核兵器の先制不使用と切り離すべきです。ある程度防衛費を増やす必要はあるが、それが5年間で約43兆円、5年後にはいまの2倍もなぜ必要なのか。他にもやるべきことがあるし、借金を増やしてやっていくなら、いざ戦争になった時に食糧や武器弾薬をどう調達して継戦能力を保つのか。財政赤字をどんどん増やしたら戦争になった時に国債を外国は買ってくれない。国民だってお人好しはたくさんいませんよ。かつての戦時中に国債を買ってみんな紙くずになったわけだから。

――とはいえ、日本の安全保障環境が厳しい中で米国の核の傘への依存を減らすと、いま南西諸島で自衛隊の配備が進んでいるように、通常戦力による日本の防衛力強化が一層進むのでは。

岡田　米国が一方的に核兵器の数や役割を減らして、日本の安全保障が揺らぐということではありません。戦略核で米国とロシアが実行したように、核保有国同士がバランスを保ちながら互いに減らしていく。まずは米ロで減らしていき、その先にもちろん中国、英仏も交渉に加わる。核保有国のロシアがウクライナに侵攻して、交渉はより複雑に、難しくなっていますが、できないことではない。そうした交渉を進めるためにも、核保有国同士が互いに先制不使用を確認することが大切です。

――いまの岸田内閣にはそうした大きなデザインは見えませんか？

岡田　核なき世界と言いつつ、核にどっぷりとつかっている感じですね。岸田さんが外務大臣の時に作った「賢人会議」が提言をしているが、全然実現していない。いまも会議ばかりしていて、単なる時間稼ぎとしか思えません。

――最後に改めて「記者サロン」の視聴者へのアンケートからです。外交や安全保障を担う政治がしっかりしてほしい、「時の政権」に緊急時の核兵器再持ち込みの判断を任せたくないのも政治が信頼できないからだという声が多くありました。どう受けとめますか。

岡田　私は外務大臣の時に「国民から信頼される外交」を掲げました。国民の信頼がなければ外交は機能しない。ではどうすれば信頼が確保できるかと言えば、説明と情報公開です。密約問題の解明に最初に取りかかったのも、明らかに嘘だとわかることを歴代の総理大臣が答弁していて、外交や政治に対する国民の信頼を損なっているので、この際きちっとしましょうということだったんです。

民主党政権から自民党政権に戻って、安倍内閣から岸田内閣に至るまで、いろんなことで説明が出てこなくなった。昨年末に防衛力強化を決めた安保3文書もそうです。43兆円で何を買うのか、敵基地攻撃能力をどう使うのか、国会で聞いても外交機密、国の安全のためと言うばかりで全く説明がない。それでは国民は納得しない。説明責任と情報公開を立憲民主党は大切にしていくということです。

第2章　「沖縄密約」前後

（1）「基地研文書」

佐藤首相ブレーンらの議論判明

史上最も重要で異常な日米首脳会談である1969年の佐藤・ニクソン会談を、今回見つかった「若泉シナリオ」を読み解きながら再考してきた。ここで、佐藤栄作首相の密使を務めた国際政治学者・若泉敬氏を軸に、時計の針を少し戻したい。

舞台は1968年2月～69年3月、沖縄基地問題研究会（基地研）。沖縄返還を掲げた佐藤首相が設けた諮問機関・沖縄問題等懇談会の下に置かれた有識者会議で、若泉氏を含め14人からなるブレーン集団だ。何を目指し、米国とどう交渉するかについて非公開で20回にわたり議論し、提言を公表した。佐藤首相がそれに沿う形で直後に「核抜き・本土並み」を目指すと表明したことで知られる。

メンバーは軍事評論家の久住《くすみ》忠男氏を座長とし、佐伯喜一・元防衛研修所長や林修三・元内閣法制局長官といった元政府関係者、東京工業大学教授の永井陽之助氏や京都大学助教授の高坂正堯《まさたか》氏といった気鋭の国際政治学者、朝日、毎日、読売各紙の論説委員など。民間の立場から沖縄や北方領土の返還運動を推進し、歴代首相に助言を続けた末次一郎氏が事務局長を務めた。

有識者らが特定の国とテーマについて、交渉をどう進めるかを首相に提言し公表すること自体が珍しいが、基地研が取り組んだのは、沖縄返還に対する本土や沖縄の期待の高さと、冷戦下の戦略拠点として沖縄を重視する米政府の方針にどう折り合いをつけるかという難題だった。米軍施政下の沖縄を視察し、米側の有識者を招いて会議を開くことまでしており、異例の首相ブレーン集団といえる。私が注目したのは、そこで若泉氏が果たした役割だ。

まず、基地研が立ち上がった1968年2月ごろの沖縄返還交渉の状況を確認する。

1967年11月の日米首脳会談後の共同声明で、佐藤首相は「両三年内に（within a few years）返還の時期につき合意すべき」とし、ジョンソン大統領は「要望は十分理解している」と表明していた。日米両政府は69年ごろの決着に向け動き出していたが、佐藤首相にとっての問題は、米軍から日本政府の施政下に戻る沖縄で基地機能を維持したいとする米政府の要望にどこまで応じるか、特に沖縄の核兵器の扱いをどうするかだった。

1960年の日米安保条約改定の際の合意で、米国が日本に核兵器を持ち込もうとする際は事前協議をすることになっていた。さらに佐藤首相は67年12月の国会答弁で「持たず、作らず、持ち込ませず」の非核三原則を表明。前月のジョンソン大統領との会談で沖縄に先立ち返還が決まった小笠原諸島について、核兵器が持ち込まれないことの確認を求めた社会党の質問に対するものだった。では沖縄にも適用をと問われると、佐藤首相は「白紙」と繰り返していた。

一方、この頃の若泉氏はどうか。

１９６７年9月に福田赳夫・自民党幹事長の依頼を受け、沖縄返還交渉での佐藤首相の密使となって数カ月だが、存在感を増していた。『他策』(90〜１０８頁) によれば、若泉氏は11月の佐藤・ジョンソン会談直前にワシントンに先乗りし、ウォルト・ロストウ大統領補佐官と接触して「両三年内」問題などを調整している。佐藤首相の非核三原則表明後には楠田実首相秘書官から相談を受け、首相の発信にバランスを持たせようと「核政策四本の柱」を考案。「非核三原則、核軍縮の推進、日米安保条約による米国の核抑止力への依存、核エネルギーの平和利用の推進」という佐藤首相の68年1月の国会答弁につながった。

その若泉氏が、沖縄返還交渉で佐藤首相への提言をまとめる基地研に参加して、何の働きもしなかったわけがないと私は考えた。基地研の期間は１９６８年2月〜69年3月。米国では「両三年内」に理解を示した民主党のジョンソン大統領が68年秋の大統領選に出馬せず、69年1月に共和党のニクソン政権へ移行し、日本では佐藤首相が69年中のニクソン大統領との会談に向け「核抜き・本土並み」を打ち出す意向を固めていくころと重なっている。

だが、若泉氏は基地研について『他策』では深く語っていない。「熱心な参加者の一人ではあったが、とくに指導的な立場にあったわけではない」とし、「施政権返還後の沖縄に全面的に日米安保条約を適用する。事前協議条項も当然適用される」という佐藤首相への提言に触れ、「首相のやや漠然とした考えに基づく〝決意〟に基地研報告がより明確な論理的根拠を与えた」、つまり「核抜き・本土並み」方針の表明につながったという「推測」を語るにとどめている（141〜143、216頁）。

そこで私は、20回の会合を重ねた基地研の議事録にあたることにした。「若泉文書」に出会うさらに1年前、2021年秋のことだ。非公開の基地研の議事録が近年明らかになっているとその頃に知ったからだが、実際に初会合の議事録を見て、困った。

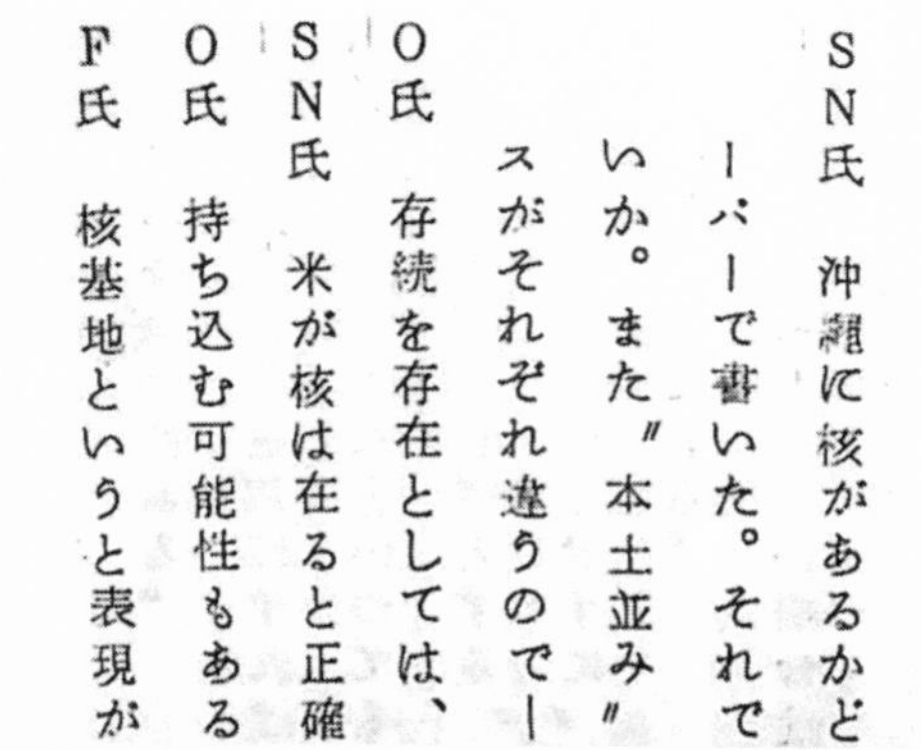
SN氏　沖縄に核があるかど
ーパーで書いた。それで
いか。また〃本土並み〃
スがそれぞれ違うのでー
O氏　存続を存在としては、
SN氏　米が核は在ると正確
O氏　持ち込む可能性もある
F氏　核基地というと表現が

沖縄基地問題研究会の1968年の議事録より。「O氏」は若泉敬氏

L氏、B氏、D氏……と発言者がアルファベット一文字に置き換えられている。一体若泉氏はどれなのか。メンバー14人の名はわかっており、議事進行や発言内容から数人は特定できそうだが、アルファベットは氏名のイニシャルとは関係なさそうだ。

その謎解きに進む前に、そもそもなぜ私がこの基地研の議事録に行き着いたのかを説明しておきたい。「若泉文書」同様、様々な方々のご協力があり、それなしに「若泉氏はO氏だ」と突きとめることもできなかったからだ。

沖縄基地問題研究会とは

沖縄返還から半世紀が過ぎたいま、新たな「ニュース」を見つけて記事にするのはなかなか大変だ。第2次大戦後に米ソが対立した冷戦の初期に、沖縄戦で米国の軍事拠点となっていた沖縄を切り離して日本が主権を回復。沖縄で祖国復帰運動が高まる中、日米間の熾烈な交渉の末1972年に沖縄返還が実現した――というのは周知の話だ。

戦後日本史で指折りの出来事である沖縄返還交渉については、深い研究や報道が数多くなされている。返還後の緊急時の核兵器再持ち込みに関する密約や、沖縄戦で米軍が接収した土地を返還する際の原状回復補償費に関する密約といった密約問題についても、民主党政権下で外務省が2009～10年に調査した際、関連の機密文書を開示している。

沖縄返還の研究や報道に一山越えた感が広がる中、「ニュース」といっても何があるのだろう。沖縄返還50年を翌年に控えた2021年の秋、私は研究を地道に続ける専門家の方々に話を聞いた。そこで浮かび上がってきたテーマが、佐藤首相の沖縄返還交渉を支えたブレーン集団、基地研だった。

基地研は1969年3月の首相への提言こそ公表しているものの、68年からの20回にわたる議論は非公開だった。政府内の会議や外交交渉でもないので議事録の所在も定かでない。ところが、後に「若泉文書」の読み解きでもお世話になる河野康子・法政大学名誉教授や中島琢磨・九州大学准教授から、最近様々な形で議事録が見られるようになったという話を聞いた。

例えば楠田首相秘書官の所蔵文書を2016年にデータベース化したサイトがあり、有料で利用できる。基地研の事務局長だった末次一郎氏の所蔵文書も遺族が19年に国立国会図書館に寄贈しており、こちらは無料で閲覧できる。河野氏はすでに基地研の議事録を読み込み、アルファベット一文字に置き換えられた発言者がそれぞれ誰かという分析も進めていた。

ご教示をいただきながら、さらに私は、外務省が外交史料館に移管していた文書ファイルのリストに「沖縄基地問題研究会」というタイトルの二冊を見つけた。2021年10月に閲覧したところ、20回分の会合の議事録で、楠田文書や末次文書で欠けていた4回分のうち1回分や、陪席した外務官僚のメモなど新たな資料が含まれていた。

こうして議事録で匿名になっている発言者の特定が進み、核兵器と日本をめぐるジレンマに満ちた議論の全体像が見えてきた。その議論は、基地研の提言から8カ月後の佐藤・ニクソン会談で沖縄返還を合意する際に密約の形となる、緊急時の核兵器再持ち込みまで視野に入れていた。

『他策』や楠田氏の回顧録などとも突き合わせて、私は2021年末に朝日新聞でそんな記事を書くことができた。それをもとに本書では基地研での議論をより深く紹介し、若泉氏の言動を追ってみたい。なお、以下に記す基地研での議論での発言者の氏名や肩書は、議事録ではアルファベット一文字に置き換えられていたものを、筆者が取材をふまえて実名にした。

議事録の匿名メンバー

基地研は月1回以上のペースで、首相官邸近くのホテルで開かれた。1968年2月に初会合があり、木村俊夫官房長官（議事録ではB氏）が出席。沖縄返還交渉を佐藤首相主導で進めることを強調し、核兵器の問題を正面から議論するようメンバーらに求めた。

「（沖縄）返還問題について総理はさらに確信を得、両三年間にメドがつくと大胆にいっておられる。外務省の牛場（信彦事務次官）発言で『ベトナム（戦争）とのつながりもあり、仮に両三年にメドがつかなくても両四年云々』というのがあったが、官僚の発言であって、総理は来年訪米の予定である。沖縄問題についてはその都度総理に吸収していただきたいので会合の成果に期待している」

「沖縄基地の問題は全くの白紙状態だが、白紙状態ではすまされなくなる…もちろん早期返還が第一で、その場合極東の安全との調和を考えるとき、いきおい核が問題となってくる。政府としては（非）核三原則ではっきりしているが、沖縄の場合にどうするか。どう（米政府を）説得するかが問題となる」

佐藤首相は2カ月前に非核三原則を国会で表明していたが、前述のように核を「持ち込ませず」について、返還交渉中の沖縄は「白紙」と繰り返していた。

基地研は1968年6月の第5回から議論を本格化させた。沖縄の米軍基地の核兵器を沖縄返還時に「本土並み」になくせるのかがまず焦点となり、意見は割れた。

岸田純之助・朝日新聞論説委員（L氏）　本土並みは今日では国論と言うべきであろう。この会合も、世論をつくるために何がしかの役割を果たしていると言えるだろう。

小谷秀二郎・京都産業大学教授（P氏）　沖縄の基地を本土並みということにすれば、局地的紛争の抑止力を失うことになる。その意味で、沖縄の価値を考えねばならない。

大浜信泉《のぶもと》・元早稲田大学総長（D氏。基地研の親会議である沖縄問題等懇談会の座長） 本土並みということは、基地の規模や種類の問題というより、核を持ち込まないということではないか。

基地研が意見を聞いた政府関係者らは、米国の意向や「核の傘」の意義を強調した。1968年9月の第9回には外務省で沖縄返還交渉を担う東郷文彦アメリカ局長が、10月の第11回には防衛庁の情報部門担当者が出席し、メンバーらと意見を交わした。

佐伯喜一・野村総合研究所所長（G氏） 沖縄の戦術核について、事前協議を適用しないとか、自由使用にするといった感触についてては。

東郷局長（U氏） 日本や沖縄になれば核（持ち込み）の方が大事だと米側は望みますね。非核三原則で日本が滅びてもよいかという気持ちかも知れませんね。

防衛庁統合幕僚会議二室員（BN氏） 第2次大戦で（日本は）満州や南方地域に足を張ったが、今度はそれがなく、フトコロが浅く、重心が浅い。とくに中共（中国共産党政権）に対しては、後に退くことができない…自衛隊は実は大して強くない。如何にも強そうにみえるのはアメリカがいるからで、実際にはある期間、ある方面を支え得るという力しかない。沖縄問題もこのことを踏まえた上で考えていかねばなるまい…（米軍に）沖縄基地の自由使用を許してもらった方が軍事的にはよいと思う。

岸田・朝日新聞論説委員　自由使用というのは、核を含んでということか。

防衛庁統合幕僚会議二室員　核も含んだ自由使用であり、手段の問題は制約すると困る。抑止力がダメになる。

だが、米軍統治下の沖縄では、琉球政府主席を住民が選ぶ初の「主席公選」を翌月に控え、「本土並み」での復帰熱が高まっていた。議論の焦点は、沖縄返還時に核兵器を撤去するよう米国をいかに納得させるかに移っていた。

三好修・毎日新聞論説委員（M氏）　ベトナムでは（通常兵器による戦争の抑止に米国は）失敗したと思っているが、第一次朝鮮戦争でも（米国は）核を使えなかった。沖縄に核があっても、心理的抑止力にならないではないか。

佐伯氏　（米軍の）沖縄基地は核の攻撃に対する抑止力があるとしても、（核兵器を置くのは）米本土かグアムでもよいんじゃないか。沖縄におくと便利ではあるが。政治的マイナスを考えて、他の方法を考える方が賢明ではないか。

永井陽之助・東京工業大学教授（Q氏）　米国の戦略体制の可能（性）と（日本）国内の不安と暴動などの政治的弱点などを考え合わせると、（核を置けば）沖縄基地をめぐる斗争、反米になり、基地保持が困難になる。これに対処しないといけない。

若泉氏は落としどころを探っていた。この第11回会合で、針の穴に糸を通すように、久住座長とともに「有事核持ち込み」を語り始めた。

久住座長（F氏）　有事持ち込みということもできるだろう。

若泉氏（O氏）　問題は抑止ということの意義だ。どういう事態が起こるか判らないという場合を考慮し、運搬手段はおいて、必要な場合に（つまり有事に際し）持ち込める可能性があればよいという議論もある。

沖縄返還時には「本土並み」に米軍基地の核兵器をなくすべきだが、返還後の「有事持ち込み」まで否定する必要はないのでは、という意味だった。

基地研メンバーの中で2人の背景は異色だった。軍事評論家の久住氏は旧海軍情報参謀。核搭載艦船の領海通過も非核三原則によって認めないとする日本の立場と、米軍による実際の運用のずれを危ぶんでいた。若泉氏はすでに首相密使として訪米を重ね、ジョンソン政権内で沖縄を返還しても緊急時は核を再び持ち込むことが検討されているという報告を上げていた。

この若泉氏の訪米と報告については『他策』（149頁）からの引用になる。若泉氏は1968年5月に訪米し、ジョンソン大統領やラスク国務長官らと面会している。楠田首相秘書官を通じて佐藤首相に6月に提出した報告書の中に、こんなくだりがある。

「アメリカ政府は、来年中に返還の日取りをきめるハラができている」「(私見)核は有事、緊急の際に事前協議を経て、沖縄基地へのポラリス潜水艦の寄港、B52戦略爆撃機の寄港を認めるということを国務省で検討している」

米国の「ハラ」を知る若泉氏は久住氏とともに、その後も基地研で「有事核持ち込み」論を繰り返す。若泉氏は1968年12月の第16回で、「私は或る種の核が(返還後の)沖縄にあると思う」「(米国が)持ち込む可能性もあるので」と指摘する。基地研が佐藤首相への提言に向け翌月に予定していた「日米京都会議」で、久住氏とともに基調報告をするという立場から、来日する米側有識者らとの議論の前提として示した考えだった。

非公開だったその京都会議の議事録も見つかっている。若泉氏は実際の基調報告で、沖縄からの核兵器撤去後も「極東の平和と安全を直接脅かす脅威が生じたような場合、それに適切有効に対処するアメリカの必要な行動に、日本が常に拒否権を発動すると考える必要はない、という(久住氏の)主張を支持したい」と語っていた。

日本の安全や「極東の平和と安全」のために日本が米軍基地を提供することを定めた日米安保条約第6条で、米国が日本に核兵器を持ち込もうとする場合は事前協議をすることになっている。2人は、その際の日本の答えはノーとは限らないと述べたのだった。

久住氏らは1969年2月に佐藤首相を訪ね、京都会議の結果を報告。「米軍は(核兵器は)緊急の際に持ち込めることになっていればよいようだ」という説明があったことを、首相秘書官として同席した楠田氏は回顧録に記している。

基地研は1969年3月8日に首相への提言をまとめた。沖縄返還は72年までにとし、返還後の沖縄に核兵器を置かず、安保条約は事前協議も含め適用されるべきだと強調したが、「有事核持ち込み」には言及しなかった。2日後、佐藤首相は提言に沿う「核抜き・本土並み」での米国との交渉方針を国会答弁で表明した。

官房長官として基地研に議論を促した木村氏は、1969年5月にメンバーらと懇談。「リポート（提言）は総理の腹を『本土並み』に固めさせる上で大きな影響力があった」と感謝の意を伝えたことが、陪席した外務官僚のメモに記されている。

米国では1969年1月にニクソン政権が発足していた。若泉氏は引き続き首相密使として、11月の日米首脳会談に向けキッシンジャー大統領補佐官と極秘交渉を進める。そして、「核抜き・本土並み」での沖縄の72年返還が決まるこの会談で、緊急時の沖縄への核兵器再持ち込みに関する密約が交わされることになる。

後の密約の「原型」

若泉氏が重要な役割を果たした基地研が、佐藤首相への提言で「有事核持ち込み」に触れなかったことが、どこまで意図的なものだったのか。それが後に佐藤首相が若泉氏と相談を重ねた末に日米首脳会談で交わすことになる、核兵器再持ち込みに関する密約とどうつながっていたのか。ここが難しいところだった。

朝日新聞に記事を書くきっかけをいただいた二人の学者に聞いてみた。九州大学准教授の中島氏は、「いまもはっきりしない佐藤首相とブレーンの関係を考える上で、今回の基地研関連の文書は貴重です。米国が核撤去に応じるかどうかが交渉の最大の難関でしたが、ブレーンたちが可能性を真剣に探る中で、後の密約に至る条件の輪郭が浮かんできた様子がわかります」と話した。

前出の河野氏に意見を聞くと、「さらなる研究が必要です」。基地研メンバーらの私蔵文書や外務省のファイルから見つかった議事録を重ね合わせても、まだ終盤の3回分が欠けている。提言に向け議論を詰めたであろうこの終盤の経緯がわからない、と慎重だった。

確かに『他策』によれば、若泉氏が密約へ傾いていくのは基地研の提言から4カ月後の1969年7月、キッシンジャー氏と極秘交渉を始めてからだ。キッシンジャー氏から、沖縄から核兵器を撤去するとしても、緊急時の再持ち込みについて「日本政府としてどのようにしてその点を保証してくれるのか」（289頁）と求められ、密約に消極的だった佐藤首相から何とか一任を得た（387頁）という経緯になっている。

私は2021年末に基地研に関する記事を書いた際、迷った末に、その提言は「後の密約の原型」だったと表現した。

沖縄返還交渉に基地研が果たした役割として、佐藤首相が「核抜き・本土並み」という方針を表明し、実現する後押しをしたことは否めない。ただ、その提言で「有事核持ち込み」に触れなかったことと、8カ月後の首脳会談で同趣旨の核密約が交わされたこととのつながりを、いま手元にある史料だけで強調するのは、歴史への謙虚さを欠くことになる。

ただし、基地研の役割を考える時、国民への説明という点で、緊急時の核兵器再持ち込みに触れなかったことには問題があったと私は考えた。

議事録によれば、1968年2月の第1回で木村官房長官が「総理は来年訪米の予定」と明かした上で、「核が問題となってくる。（非）核三原則を沖縄の場合にどうするか」と提起した際、国会での首相答弁について「白紙ということについて説得力がなくて困惑しているので、皆さんの意見を聞きたい」と述べている。

つまり首相官邸が基地研に求めた議論とは、沖縄返還交渉をどう進めるかだけでなく、それをどう国民に語るかだった。その基地研で、「核抜き・本土並み」のオプションとして、佐藤首相が表明済みの非核三原則と矛盾する「有事核持ち込み」も議論していたのに、それに触れない提言を公表したのだ。

その構図は、佐藤首相が「核抜き・本土並み」の沖縄返還を成し遂げたと語りながら、緊急時の沖縄への核兵器再持ち込みの密約を結んでいたことと相似だ。だから私は、基地研の提言について「後の密約の原型」という表現を選んだのだった。

研究者へのインタビュー

佐藤首相のブレーン集団の議論を伝える「基地研文書」は、様々な視座を提供する。先行研究をされ、渡辺昭夫・東京大学名誉教授との編著『安全保障政策と戦後日本　1972〜1994』(千倉書房)がある河野康子・法政大学名誉教授への2021年のインタビューを掲載する。

――基地研は沖縄返還交渉が佳境に入る1968〜69年に議論し、佐藤首相への提言をまとめました。その議事録が近年、佐藤首相のブレーンらの私蔵文書や、外務省保管の文書から見つかっています。意義をどう考えますか。

河野　佐藤栄作首相のブレーンたちが返還交渉において果たした役割をどう考えるか。そうした視点から基地研について近年、関係者の証言や研究論文で様々な評価が出始めています。その意味で基地研議事録の史料的価値は高いと言えます。

――どのようなことがわかるのでしょうか。

河野　まず、基地研の提言をふまえ佐藤首相が掲げた「核抜き・本土並み」の沖縄返還の意味が、実際は多様なものだったということです。米軍の「核抜き」について、沖縄の陸上に置かれた中距離ミサイル・メースBの撤去だけでなく、潜水艦搭載ミサイル・ポラリスといった「海の核」の寄港や通過の是非についても議論されていました。

また、基地研に参加した第一線の有識者らの沖縄返還に対する見方がわかります。例えば高坂正堯・

京都大学助教授が「米国の戦略を承認していくと（交渉で）動かすことが少なくなってくる。米国に戦略とアジア政策を再考させることが大事だ」といった発言をして、議論をリードする場面が見られます。

――当時、沖縄返還交渉を担っていたのは日本の外務省と米国の国務省でした。両者と基地研の関係についてはいかがですか。

河野　それも議事録から見えてきました。基地研は1968年2月に議論を始める際に外務省に連絡をしませんでしたが、外務省の希望で、5月からアメリカ局の東郷文彦局長や大河原良雄参事官、千葉一夫北米課長らが交代で毎回参加するようになりました。沖縄返還交渉の最前線にいる人物が、首相官邸とつながる基地研を注視する様子がうかがえます。

また、基地研が1969年1月に京都で開いた米側の有識者との「京都会議」の人選には、米国務省も関与していました。基地研の68年9月の会合での東郷局長の発言にある通り、外務省は交渉について、佐藤首相の「白紙」発言が続く中で慎重にならざるを得ませんでした。その結果、米国務省は佐藤首相へのアドバイザリー・グループである基地研に関心を寄せ、接触を望んでいたのです。

――1969年11月の佐藤・ニクソン会談で沖縄の72年返還に合意する際に核密約が結ばれ、日本は米国に対し、緊急時の沖縄への核兵器再持ち込みを認めました。その過程に首相密使として深く関わった若泉敬・京都産業大学教授が、基地研でも「有事核持ち込み」にこだわっていたことが議事録から読み取れます。

河野　基地研は最終提言では「有事核持ち込み」には触れませんでした。佐藤首相が返還交渉方針を国民にどう説明するかを議論するように首相官邸から求められた基地研が、なぜそう判断したのか。今後の研究が必要です。なお欠けている終盤の会合の議事録が見つかり、経緯が明らかになることを期待します。

基地研で「有事核持ち込み」が議論されていた頃、外務省も「緊急時の核のオプション」を検討していました。ただ外務省は、米国が日本に核を持ち込もうとする際は事前協議をするという1960年の日米安保条約改定時の合意との整合性に悩んでいました。

沖縄返還における「核抜き・本土並み」とは一体何だったのか。復帰50年を経たいまも、より広い視野でさらなる検討が必要だと、基地研の議事録は問いかけているのだと思います。

半世紀後、いまの日本

この基地研の議論と沖縄返還合意時の核密約を、いまに引きつけて考えてみる。

核密約について、若泉氏は1994年の『他策』で「永い遅疑逡巡の末」に告白している。2009年の民主党政権への交代を機に、岡田克也外相の指示で外務省が行った日米密約調査の対象になり、有識者委員会で「密約とは言えない」と判断された一方で、日本政府はその内容について米政府と「いまや有効ではない」と確認した上で、非核三原則を保つとした。

ただ、話は簡単ではない。本書ではこの核密約について、沖縄返還後の緊急時に米国が核兵器を再び「持ち込む」ことを日本が認めたもの、と書いてきたが、この「持ち込む」には実は2通りある。返還時に沖縄の米軍基地から撤去された核兵器の「再持ち込み」（re-entry）と、沖縄への米軍の核搭載艦船の寄港などが念頭とみられる「通過」（transit）だ。

そして「通過」の方は、沖縄返還交渉以前の1960年に日米安保条約改定に基づく事前協議制度ができたころから、その対象となる日本への「核兵器の持ち込み」にあたるかどうかについて、両政府間にずれがあった。そして日本政府は、米政府から「通過」は事前協議の対象外と内々に伝えられていたのに、国民には対象になると説明し続けていた。この問題も民主党政権下の日米密約調査の対象となり、有識者委員会は「広義の密約」と判断した。「広義の密約」とは「明確な文書による合意でなく、暗黙のうちに存在する合意や了解であるが、公表されている合意や了解と異なる重要な内容を持つ」というものだ。

岡田外相が沖縄返還合意時の核密約は無効とし、「持ち込ませず」を含め非核三原則を保つと述べたことで、では沖縄に限らず日本全体として、「通過」を含め核兵器の持ち込みを今後も認めないのかという問題が浮上した。

日米密約調査の結果が出た直後の国会で、岡田外相は自民党の岩屋毅衆院議員に問われ、核搭載艦船の一時寄港については、緊急時には「その時の政権が命運をかけ決断する」と答弁している。岡田氏はさらに自民党政権に戻った後の2014年、自身の答弁を引き継ぐのかと岸田文雄外相に問い、「引き継いでいる」との答弁を得ている。

この岡田外相の答弁は、日米密約調査で見つかったある極秘文書に触発されたものだった。1981

年6月、当時外務省の条約局審議官で、後に事務次官、駐米大使となる栗山尚一氏が書いた「『核持ち込み』問題について」。「寄港・通過」に関する日米間の齟齬をなくすべく新たな合意を作り、日本政府からは国民に「核兵器の持ち込みを拒否する政府の方針に変わりはない。もっとも、国家の危急存亡の事態においては政府の責任において諾否の判断をすべき」といううぎりぎりの説明をするとし、採用されなかった提案だった。

岡田氏はこの栗山案を生かし、沖縄返還のために基地研が論じて明かさず、佐藤首相と若泉氏が密約で隠そうとした、日本と核兵器をめぐるジレンマを解こうとした。結果として、「緊急時の核兵器持ち込み」は沖縄に限らず日本中であり得る、と政権をまたいで確認する形になった。非核三原則の例外もあり得るということになり、当時としては踏み込んだ政府答弁だった。

だが、それから中国や北朝鮮の軍拡がさらに進み、日本は米国の「核の傘」への依存を強めた。2021年末、朝日新聞に基地研の記事を書くために、外務省や防衛省で日米関係に関わる幹部らに岡田答弁について聞くと、「当たり前のことを言っただけ」とうそぶくようになっていた。岡田氏は「非核三原則は法律ではなく、最後は政府の判断になる。ただし判断したら国民にきちんと説明すべきだ」と私に強調した。

その国民への説明という点で、いまの岸田内閣には揺らぎが見える。国会で岸田文雄首相は岡田答弁を引き継ぐと答弁したが、岡田氏が2022年4月、林芳正外相に対し、核搭載艦船の一時寄港や航空機の立ち寄りが事前協議の対象かどうかでもう日米間にずれはないかと尋ねると、こう答弁があった。

「冷戦終結後、米国の新たな核政策が公にされたことに加えて、米国は我が国の非核三原則に係る立場をよく理解していることから、核兵器を搭載する米艦船及び航空機の我が国への寄港、飛来、通過は現状において想定されていない」

「現状において」と話をすり替え、日本の主権と安全に関わる日米間の事前協議制度が、緊急時における米国の核兵器の持ち込みにおいて機能するのかという問いへの答えを避けている。米国は日本の非核三原則をよく理解している、と林氏は語ったが、岡田氏に根拠を問われると、「外交上のやり取りなので控えさせていただく」と述べるだけだった。

核兵器持ち込みは、平時は非核三原則によって認めない、緊急時は時の政権が判断するという政府答弁を導いた岡田氏は、そこを再び曖昧にして事前協議を形骸化させかねない林氏の答弁を批判した。「非核三原則に穴が空いているんじゃないですか。にもかかわらず守ると強弁し続けるのは不誠実じゃないですか、国民に対して」と詰めた。すると林氏は、「岸田総理の御答弁の通り、非核三原則を堅持する方針に変わりはない。唯一の戦争被爆国として核兵器のない世界の実現を目指す」と述べた。

確かに広島が地元の岸田氏は「核兵器のない世界」を訴えている。だが一方で、中国の軍拡などで戦後最悪の安全保障環境にあるとして、米国の核兵器を頂点とする「日米同盟の抑止力」の構築のため、戦後日本で異例の防衛費増額と、初めて敵基地攻撃能力を持つという方針を2022年末に決めた。しかも「台湾が中国に武力統一されたら日本自身が核を持たざるを得ない」と語る防衛省幹部もいる。「核抜き・本土並み」での沖縄復帰から半世紀を経た「本土」の現状だ。

半世紀前の基地研終盤の議事録から、日本と核兵器の関係をめぐるO氏（若泉氏）の発言を記しておく。沖縄返還交渉で米国に対し強く出るべしとの趣旨だが、いまの日本を見透かすような際どさがある。

「米に対してこの数字（防衛費GNP2％）はシビアの条件と思っている。これ位の決意があるんだと示さないといけない。政治情勢がかわれば、日本としては二％出来ると思われる、日本のジャーナリズムや大蔵省の言分などにとらわれずに、国家意思の決定ができれば容易で、核武装だってやろうとすればできるんで、いわば戦後のメンタリティではなく、自分のためにやるんだから強く打ち出してもよいんじゃないか」（1968年12月、第16回）

沖縄返還交渉に話を戻せば、若泉氏はこうして先を読みすぎ、突き詰めすぎて核密約に至ったのかもしれない。そんな人物に私がなぜ惹かれるのかも、基地研の取材を通じて考えさせられた。それは、首相密使という異色の経歴だけでなく、基地研の議事録や『他策』ににじむ、あらゆるタブーを超えて沖縄返還を実現させようとする一途さゆえではないかと思う。

若泉氏は『他策』の最終章（589頁）で、「内外の関係当事者、研究者、ジャーナリスト、そして江湖の読者各位からのご批判、ご意見、ご教示を衷心よりお願い申し上げる。なかんずく、事実および事実関係について、新しい証拠の提示を切にお願いしたい」と述べている。

僭越ながらその一助にと思い、朝日新聞に基地研の記事を書いた。だが掲載後に改めてそのくだりを読み、直前に書かれた自省の弁にはっとさせられた。

「自己弁護をしたいという深層心理や巧妙に自己を偽り飾ろうとする本能的欲求が、歴史の〝後知恵〟をもって恰《あたか》もそうでないかのごとく装い、狡猾に紛れ込むのをどこまで拒否することができただろうか。公正と冷静をつねに心掛けながらも、筆先がときには無意識のうちに己の感情や感傷の震えに曲げられてしまってはいないだろうか」

若泉氏を語ろうとする自分に、そのまま向けられているようだった。「核抜き・本土並み」での日本復帰から半世紀後も在日米軍基地が集中し続ける沖縄を、沖縄の外から語ろうとする自分に対してもまた然り。脇を締めた。

（2）若泉氏とソ連、中国

ソ連外交ブレーンとの対話

国際政治学者であると同時に、現実の日本外交に深く関わった若泉氏。その姿勢が、日米関係においては沖縄返還交渉について佐藤首相に提言したブレーン集団「基地研」の議事録ににじみ、今回見つかった「若泉文書」には鮮明に表れている。日米関係にとどまらなかったその後の若泉氏の動きを、別の新文書から紹介したい。

冷戦下で米国と対峙し、1991年末に崩壊したソ連。その終盤に共産党政権で外交ブレーンを長年

若泉敬氏とゲオルギー・アルバトフ氏＝1991年2月、吉村信二氏提供

務めたのがゲオルギー・アルバトフ氏だった。若泉氏はこの人物と接触を重ね、北方領土問題や日ソ関係の展望を語り合っていた。

その概要を記した、若泉氏直筆とみられるメモ3枚（以下「若泉メモ」）が見つかった。アルバトフ氏は１９８１～90年にソ連共産党中央委員も務めている。こうしたソ連のキーパーソンと若泉氏の深い交流が明らかになることはまれだ。

京都産業大学教授だった若泉氏が晩年、この「若泉メモ」を含めアルバトフ氏との交流を物語る史料を、若泉氏に師事した京都の吉村信二氏に託していた。吉村氏は、私が２０２２年秋に「若泉文書」について聞くため京都のご自宅へ伺った後で、「ぜひ分析し、紹介していただきたい」とこの資料のコピーを送ってこられた。

若泉夫妻が１９７７年にモスクワのアルバトフ氏を訪ねて歓談した際の写真や、アルバトフ氏が83年の著書の日本語版に若泉氏へのメッセージを書き込んだもの、共通の友人で後にロシアのエリツィン政権で首相となるエフゲニー・プリマコフ氏と若泉氏が88年に交わした手紙、そして87年と91年にアルバトフ氏が来日した際の「若泉メモ」――。いずれも、若泉氏が日ソ関係にも強くこだわり、冷戦当時から対ソ人脈を保ち続けたことを浮き彫りにしている。

その核心である「若泉メモ」を読んでみる。日ソ関係を中心に、冷戦末期のソ連や米国の内政まで踏み込んで意見交換した内容が断片的に記されている。若泉氏の脳内を覗くようで難解だが、二人の出会いを示す興味深い言葉があった。アルバトフ氏が1991年2月、若泉氏を福井県鯖江市の自宅に訪ねた際、「Ｋｅｉ（若泉氏の名）とは二十二年来の友人だ」と語ったとされる部分だ。

出会いが「二十二年前」だとすれば1969年2月になる。アルバトフ氏が67年にソ連科学アカデミーの米国カナダ研究所長となり、共産党政権の対米政策ブレーンとして地歩を固めていく頃だ。そして若泉氏は、対米人脈を見込まれて67年に佐藤首相の密使となり、沖縄返還交渉に関わってから約1年半。前述の通り佐藤首相のブレーン集団、沖縄基地問題研究会で提言の取りまとめに携わっていた。米国とどう向き合うかを探る実務家の立場で、二人は交わった可能性がある。

もちろん若泉氏には、国際政治学者としてソ連への強い関心もあった。『中央公論』1967年3月号に載った論文「核軍縮平和外交の提唱」では、核保有国を米ソなどに限る核不拡散条約（ＮＰＴ）を米ソが推進する背景に核武装などによる中国の台頭があるとしつつ、経済的・技術的に核保有能力がある日本やカナダ、西ドイツなどが連携して核軍縮を主導すべきと主張している。密使になる前に佐藤首相にも「直接献策した」と、『他策』（21頁）で述べている。

それから約20年経った1990年前後、若泉氏とアルバトフ氏はどんな会話を交わしたのか。ここからは元オランダ大使の東郷和彦氏に助けていただく。

東郷氏はソ連崩壊前の1991年4月、ソ連元首として初めて来日するミハイル・ゴルバチョフ大統領への対応を外務省ソ連課長として担当している。99〜2001年には欧亜局長としてロシアとの北方領土交渉を担った。その父は沖縄返還交渉の正規ルートを担った東郷文彦外務省アメリカ局長である一方、自身は退官後にかつて若泉氏が就いた京都産業大学の世界問題研究所長を務めたという不思議な縁がある。

東郷氏とともに「若泉メモ」を読み込んだのは2023年3月。「言葉を一つひとつつぶしていきましょう」と、東郷氏は興味津々だった。「若泉さんが沖縄返還交渉の密使だったことは（1994年に）『他策』が出版されて初めて知った。そしてこのメモを見るまで、北方領土問題に関心があったなんて全く知りませんでした」

まず、1987年9月のアルバトフ氏との懇談に関する2枚のメモだ。夜に京都の料亭で約1時間半、と読める。停滞する社会主義大国ソ連の改革・ペレストロイカを掲げるゴルバチョフ氏が共産党政権を仕切る書記長になって2年経ち、日本では中曽根康弘首相が北方領土交渉を動かそうとゴルバチョフ氏に来日を求めながら実現しないまま、5年にわたる長期政権を終えようとしていた。

メモにはまず「K・Wの意見」「彼の見解に同意する」として、若泉氏（イニシャルはK・W）がアルバトフ氏と共有したとみられる北方領土交渉への厳しい認識が示されている。「三十年前、鳩山首相重光外相、一回、二島で同意しかけた　あの時、決断すれば解決できた」。覆水盆に返らずという諺にあたる“don't cry over spilt milk”という英文も書かれている。

「三十年前」とは、「北方四島」の問題を未解決のまま国交を正常化した1955〜56年の日ソ交渉のことだ。その過程でソ連が二島引き渡しでの決着を打診し、重光葵外相が受け入れに傾くが断念。その背景に米ソが対立した冷戦があったと、日ソ交渉全権委員だった松本俊一氏は回顧録に記している。ジョン・フォスター・ダレス米国務長官が重光外相に対し、もし日本が北方領土返還を二島で諦めるなら米国の施政下にある沖縄を領土にすると牽制していた、という指摘だ。

1956年の日ソ国交正常化後、米ソ対立が深まる中で、ソ連は北方領土問題について「解決済み」と表明するようになった。日本政府は、73年の田中角栄首相とレオニード・ブレジネフ書記長の首脳会談において北方領土問題は未解決であることを確認したという立場だったが、ブレジネフ氏は77年に否定した。

ただ、ゴルバチョフ氏は、資本主義を徐々に採り入れる経済改革を進めるため、その痛みを和らげようと「西側」の西欧や日米からの経済支援を望んでいた。1987年9月、若泉氏とアルバトフ氏が語り合ったこのころは、米ソが中距離核戦力（ＩＮＦ）廃絶で原則合意した直後であり、冷戦は緩和に向かっていた。

そんな中でゴルバチョフ氏を日本に招いて、日ソ関係に展望は開けるのだろうか。ふたりのやり取りを、メモから再構成してみる。

アルバトフ氏　二国間関係となると常に領土問題が出てくる。（話が）終わる。このフォミュラ（形）

はどうか。日本側はこう述べた、ソ連側はこう述べた。

若泉氏　未解決の問題の存在を認める。そして交渉する。これを前提として要求しよう。

アルバトフ氏　受け入れられない。パンドラの箱。中国、フィンランド、ポーランド、ルーマニア、東欧。スターリンの再評価にまで影響してくる。

若泉氏　訪日のタイミング。必ずしも熟していると言えないかもしれぬ。

アルバトフ氏　暫く待った方がよい。

日ソ間にはいぜん北方領土問題が立ちはだかっていた。若泉氏へのアルバトフ氏の反応は、北方領土を含むソ連の領土はスターリン書記長当時の対日独伊戦争の勝利の成果だ、とする原則論にまでソ連が立ち戻っていることの表れではないか。そうした見方で東郷氏と私は一致した。

メモには、ゴルバチョフ氏にとって「訪日のメリットもある」として、「広島を舞台に歴史的演説を行う」「ソ連が太平洋国家であることを宣言する」といったアイデアも記されている。ただ、日本がどう動くかについては若泉氏の意見は具体性を欠く。核心に関わった沖縄返還交渉と違い、対ソ外交には関与できていなかったことがうかがえる。

その証左として、若泉氏はメモの中で、四つの「戦わねばならない障害」の最初に「外務省のソ連専門家グループ」を挙げている。「例えば十年前の自分のＣＢＭ提案→外務省　ワシントンの友人　相談→しかり売りつけるのに失敗した　外務省　君はソ連を知らぬ　ロシア語も話せぬ　何がわかる」とある。

「ＣＢＭ」とは何か。「Confidence Building Measures（信頼醸成措置）でしょう」と東郷氏は語った。国家同士が相互不信から敵対関係に陥らないよう意思疎通を制度化することだ。例としては、キューバ危機の翌年、１９６３年にできた米ソ首脳間のホットラインがある。若泉氏が日米間に同様の仕組みを設けようと69年の首脳会談シナリオに盛り込んだことは前述した。そんな何らかの信頼醸成措置を「日ソ間にも」と若泉氏は外務省に提案し、一蹴されたと述べているのだ。

後にロシアのウラジーミル・プーチン政権と北方領土交渉を進めようとした安倍晋三政権では、信頼醸成措置として日ロの外務・防衛担当閣僚からなる協議の枠組みを２０１３年に設けた。それを若泉氏は１９７７年ごろに考えていた。東郷氏は「先見の明があったと言える。ただ当時は70年代初めの米ソデタント（緊張緩和）が崩れ始めていたので、外務省は応じなかったのでは」と話した。

では、３枚のうちの残り１枚、１９９１年２月の懇談メモに移る。鯖江の若泉邸で、アルバトフ氏と夜まで約7時間半も話し込んだとみられる。

ゴルバチョフ氏の来日を2カ月後に控え、モスクワの政情について突っ込んで語り合っていた。ソ連共産党の独裁放棄に踏み込んだペレストロイカだが、保守派の抵抗で後退したように見える。実際どうなのか。若泉氏は「シェワルナゼ外相はなぜ辞めた……あの辞め方と、そのセリフ」と問うた。前年末、エドアルド・シェワルナゼ外相が演説で「独裁が近づいている」と訴えて辞任した件だ。

「generals（将軍たち）の下で逆戻りか」と聞くと、アルバトフ氏は「よく解らぬ」。若泉氏がゴルバチョフ氏の著書『ペレストロイカ』を示すと、厳しい答えが返ってきた。「ゴルバチョフが自分の哲学、信念から書いたわけではない。いろんな補佐官たちの断片的な考えをまとめ上げた」「ソ連の直面する問題の巨大さ、深刻さ→しかしペレストロイカを推進する以外に前途はない」と整理した上で、ゴルバチョフ訪日をどうするか。若泉氏からの「K．W．提案」が述べられているが、かなり悲観的だ。やり取りを再構成する。

若泉氏　ゴルバチョフの訪日の延期を。
アルバトフ氏　遅すぎる。準備が進みすぎ。
若泉氏　理由はいくらでもつけられる。日本は島の問題。ゴルバチョフは譲れぬ。経済援助はやれぬ。日本の政治の現状。最初のソ連元首の訪問。期待が大きすぎる。日ソ関係が本当に前進しなければ大きな失望。

政権が揺らぐゴルバチョフ氏は北方領土問題で譲歩しようがない。しかしそれでは日本は経済支援ができない。初のソ連元首訪日で首脳会談をしても日ソ関係に進展はなく、「無意味」という指摘だ。当時、外務省ソ連課長として準備にあたった東郷氏は、「領土問題に関しては大統領次第というのがソ連側の姿勢で、ぶっつけ本番だった」と認めつつ、こう振り返った。
「ゴルバチョフ氏は資本主義ではなく、人間の顔をした社会主義を目指すと語っていました。それで連邦国家ソ連が保たれ、世界にも受け入れられるという考えで、『力』に敏感なソ連の歴代リーダーにあって稀有な楽観主義でした。北方領土問題は十分勉強していない印象を受けたし、保守派の抵抗で政権運営が厳しくなっていたが、だからこそ早く来日を実現させ前に進めようとしました」

１９９１年4月、海部俊樹首相との3日間、６回にわたる異例の首脳会談後の日ソ共同声明では、平和条約締結によって解決する領土問題の対象として北方四島を初めて文書で確認できた。「日本側の交渉の第一目標だった」と東郷氏。会談の4カ月後にはモスクワで保守派のクーデター未遂が起き、ソ連崩壊につながったが、ロシアに引き継がれた北方領土交渉でこの共同声明は土台になった。

「若泉メモ」には、首脳会談は「無意味」の隣に「K．W．」の言葉として、「１９７７年に、日本海を平和の湖に——。ＣＢＭを提唱した」とある。91年の日ソ首脳会談をめぐり、担当課長として感じた手応えを私に語る東郷氏と、失意をソ連の時の政権のブレーンに繰り返し漏らした若泉氏。沖縄返還が決まった69年の日米首脳会談以来の、日本外交をめぐる外務省と若泉氏のすれ違いが垣間見えた。

知られざる「訪中」

若泉氏を軸とするここまでの本書の運びの締めとして、ほとんど知られていない「訪中」のエピソードを紹介する。これは、京都産業大学教授だった若泉氏と晩年まで交流した吉村氏の話だ。

若泉氏は１９７２年5月の沖縄返還の後、９月の日中国交正常化の前にひそかに北京へ招かれ、毛沢東主席を支えた周恩来首相と会っていた。翌年に若泉氏が吉村氏とのランチで、今後の中国の動向を見通す中で何げなく語った。周氏の印象を尋ねる吉村氏に対し、「凄まじい権力闘争を生き抜き、政敵を粛清した手で遠来の客をやあやあとハグする。日本の政治家が寄ってたかっても勝てっこない歴戦の強者だ」と話したという。

日米中関係の激動期だった。日米ともに台湾と国交があったが、ベトナム戦争が長期化する中、米国は1971年のキッシンジャー大統領補佐官の極秘訪中を経て72年にニクソン大統領が訪中。繊維問題で関係が悪化していたニクソン政権に虚を突かれた日本も、佐藤政権から田中政権への交代を機に、中国との戦争状態を終結させる国交正常化へと一気に動いていた。

若泉氏が語った「遠来の客」とは自身のことだろうか。周氏と会ったキッシンジャー氏のことだろうか。若泉氏が沖縄返還まで佐藤首相の密使を務めキッシンジャー氏と交渉したことを、果たして中国が知っていたのかはわからないが、若泉氏が吉村氏に残した言葉からは、中国との友好ムードに一線を画する慎重さがうかがえる。

若泉氏は1964年の中国の核実験以降、日本の安全保障との関連で中国への関心を強めていた。キャンパスで学生に語り、雑誌に論文を寄せてきた。先に紹介した67年の論文「核軍縮平和外交の提唱」では、こう述べている。

「中国の核の影響をうけはじめたアジアの諸国民の前に、日本と中国という好対照な実例を提示することになるであろう。すなわち国民の福祉の犠牲において強行されるネガティブな核武装と、あくまで平和に徹し国際協力と自由開放の中でおこなわれる日本の核・宇宙開発とは、どちらがかれらにとって好ましい選択を示しているだろうか」

「しかも忘れてはならないのは、このような核の平和利用と宇宙開発を進めることは、同時にそれ自体自然に潜在能力を客観的に高めることになり、それをわれわれが国際核軍縮交渉を進める上での力（バーゲニング・パワー）として外交政策に効果的に反映させ活用できることである」

若泉氏は、１９６８年に非公開の基地研での議論で、将来の日本の核武装の可能性にも言及している。日本は１９７０年に非核兵器国として核不拡散条約（ＮＰＴ）に調印し、72年には米国から「核抜き」で沖縄を取り戻したが、若泉氏は米国が緊急時に沖縄に核兵器を再び持ち込める密約に携わっていた。一方の中国政府はＮＰＴで核保有国として認められる立場だったが、米ソ両核大国の優位を固定化するものだとして調印していなかった。

米ソ対立の冷戦下で米中に続き日中が急速に接近し、１９６９年の日米首脳会談で沖縄返還に合意した頃とは全く違う融和ムードが東アジアに生まれる中、若泉氏は北京で周氏と何を語ったのか。若泉氏は吉村氏とのランチで、周氏は自分の中国観に関心を持っていたと言ったが、深くは語らなかった。孤高の国際政治学者をめぐる謎はまだ残されている。

第3章　西山太吉氏の執念

(1)　極秘の「井川書簡」

沖縄返還、もう一つの密約

ここからは、沖縄返還をめぐる日米密約に関して最近見つかった文書ではあるが、「若泉文書」とはかなり位相の違うものを読み解く。「西山事件文書」だ。どう位相が違うのか。

まず、この事件のもとになった密約は、これまで述べてきた核密約とは別物だ。返還合意に基づき1971年に日米両政府が沖縄返還協定に調印する直前の日米協議で、沖縄戦による米軍占領下で接収された軍用地の原状回復補償費について、協定では米政府が支払うと明記された。それにもかかわらず、ひそかに日本政府が補償費を肩代わりすることになったという密約のことだ。

そして、この密約が禍根を残したのは、密約自体よりも、その漏洩をめぐる「西山事件」においてだった。

当時毎日新聞記者の西山太吉氏が、外務省の女性事務官に頼んで日米交渉の極秘文書を入手。それが

東京地裁判決の日、入廷する西山太吉記者＝1974年1月31日

発覚し、秘密漏洩をそそのかした国家公務員法違反にあたるとして女性事務官とともに逮捕、起訴され、有罪になるという大事件に発展した。

漏れた文書の中身は、米軍用地の原状回復補償費400万ドルを日本政府が肩代わりすると読めるものだった。西山氏は法廷で、国民を欺く密約を裏付ける文書の漏洩は罰するべきではないとして無罪を主張。対米交渉を担った外務省幹部らが検察側証人として出廷し、密約を否定した。西山氏は最高裁まで争ったが、「政府がいわゆる密約によって憲法秩序に抵触するとまでいえるような行動をしたものではない」と判断され、1978年に有罪が確定した。

ところが2000年以降、米政府の開示文書や元外務省幹部の証言によって密約が確認される。前述した民主党政権下の09〜10年の日米密約調査でも、有識者委員会は「財政経済に関する日米間の交渉プロセスにおいて、原状回復補償費として米側は自発的支払いを行うものの、その財源を日本側が負担する、という合意が成立していた」として、「広義の密約」と判断した。だが、日本政府は密約かどうかについて態度を明らかにしないまま今日に至っている。

今回私が見つけたのは、この「西山事件」への対応について当時外務省がまとめていた4冊のファイルだ。

外務省は作成から30年経った文書ファイルを外交史料館に移してリストを公表し、閲覧申請があれば開示範囲を審査する。私は沖縄返還50年を翌年に控えた2021年にそのリストを見ていて、「秘密保全」というシンプルで重いタイトルのファイルを見つけた。4冊が20年に移管されており、概要の欄を見ると「外務省機密漏洩事件（西山事件）に関する文書を収録」とある。事件が起きた1971年5月から88年にかけて作成された文書が綴じられているという説明だった。

外交史料館に閲覧を申請し、外務省での約1年の審査を経て2022年8月に認められた。当時は新型コロナの感染拡大で閲覧は予約制となっており、午後に限られていた。翌月、マスクをして東京・麻布台の外交史料館を訪れる。書庫から4冊を出してもらい、閲覧室の机で文書をめくっていった。

ファイルには、「非開示文書」として抜かれているものや、墨塗りで伏せられている箇所が多々あった。外務省の内規では30年以上経った文書を原則開示するとしており、「西山事件」が起きて50年以上、西山氏の有罪確定から40年以上になるにもかかわらずだ。個人情報であることや、「公共の安全と秩序の維持」などを外務省は理由にしていた。

そうした対応も含めてこのファイルは、この事件が外務省に与えた衝撃の大きさを物語っていた。

1冊目にはまず、東京地検が証拠として押収し、1988年に外務省に還付したスケジュール帳の全ページのコピーが連なる。西山氏への秘密漏洩で有罪になった女性事務官が、秘書として付いていた外務省幹部の日程を記したもので、事件が起きた71年の分だ。この外務省幹部は漏洩に関わっていないとされたが、「毎日　西山記者」と数カ所書き込まれているところが生々しい。漏洩した極秘文書2点の原本も含まれていた。

2冊目には、外務省が事件を受けて秘密の指定や文書の扱いを厳しくするなど、「秘密保全」への対応をまとめた文書がある。裁判関係では、外務省が一審での証人尋問に備えて作った1972年11月の想定問答や、12月に証人として出廷し密約の存在を否定した吉野文六・元アメリカ局長の様子を、傍聴した外務官僚が伝える報告書がある。

3冊目には一審、二審、最高裁の判決文と当時の新聞記事。そして4冊目に発見があった。

東京地裁での一審において、漏洩した文書の提出や別の外務省幹部への証人尋問を求める裁判所と、外交上の秘密に関わるとして消極的な外務省のやり取りが綴られている。その中にあった、「公判のための応答要領（松永ペーパー）」に始まる一連の文書だ。

「松永」とは、後に外務事務次官や駐米大使を務める松永信雄氏。条約局参事官だった1973年に、「西山事件」への外務省の対応のまとめ役を任されていた。

「松永ペーパー」の冒頭には、「西山事件」裁判に臨む外務省の基本姿勢が示されている。

「外交交渉の具体的経過を相手方の同意なくしてすべて公表することは、相手方の立場に損害を与え又は相手方のわが方に対する信頼を傷つけることになるほか、将来の交渉を不利に導くことが少くなく、また、わが国に対する国際的な信用に重大な影響を及ぼすものであるので、これを公表することはできない。このことは国際的に確立された信義上の慣行であって、主義、体制を問わずすべての国で遵守されているところである」

そこから数枚めくると、右上に「極秘」と記した19枚にわたる手書きの書簡のコピーがあった。1973年2月6日付で、「井川克一」から「松永参事官」宛て。井川氏は、スイス大使に転じていた事件当時の外務省条約局長だ。吉野氏とともに沖縄返還協定の取りまとめにあたっており、漏洩した日米交渉の文書にも登場する。

「井川書簡」には、西山氏を有罪にしようとする東京地検から、米軍用地の原状回復補償費肩代わりに関する密約の有無をただされることへの不満が長々と述べられていた。こんな内容だ。

・1972年4月のスイス赴任直前、東京地検の参考人聴取に応じた。
・「追及ともいうべき質問は密約問題に集中した。密約のなかったことを証明しなければならないから聞くのだといわれる」
・「ないからない、密約問題と機密漏洩事件の裁判は関係ないのではないかと答え、だいぶ押し問答をした」
・松永氏からの手紙によれば、いまも検察の考えは変わらないようなので、「検察側の証人となることを強く辞退したい」。

東京地検は、「西山事件」で漏れた秘密は保護に値すると立証するため、外務省に対し一審の検察側証人として吉野氏に次いで井川氏にも出廷するよう打診していた。そのことを伝えた松永氏に対する、井川氏の返事だった。

「井川書簡」の全文

沖縄返還協定は１９７１年12月に国会でそのまま承認され、72年5月に発効して沖縄は日本に返還されていた。その協定で、米軍用地の原状回復補償費は米政府の負担とした内容を骨抜きにする交渉をしておきながら、井川氏は公の場での説明を頑なに拒んだ。

この「井川書簡」の原本は外務省の便箋19枚にわたって手書きされ、かなり長いが全文を以下に掲載する。密約を生む外務省の体質を露呈し、ある元外務省幹部が読んで井川氏に同情するといまも語る重い内容だからだ。改行箇所は原文のママ。筆者が補った部分は（※）、判読不能箇所は☆とした。

極秘

拝復

（※1973年）一月二十七日付のお手紙本二月三日受領、今六日の夜ですがこのお返事を書いて居ります
貴兄条約局にやっと復帰　私もこれでホッといたしました。

裁判の件につき色々御配慮頂き感謝いたします。

私の考えは貴兄から部内の人に話される部分も考え別紙に書きます。本当に思っている辺りはっきり書きます。

別紙は良いのですが、この手紙の部分は、この話をお読みになれば理由がお判りと思いますが　極秘貴兄限りにして頂きます。

別紙に詳しく書きますように、私はこの裁判の件につき、外務省員として、検察側の証人として
（即ち形式的にいうならば、実質上の問題につき　被告に不利な証言をする目的で―実はこの目的は、別紙にありますように　現実には達成できないのですが―）
出廷することは適当でないという基本的な考えを持って

居ります。まず目的に則る証言も現実にはできないと考えて居ります。

その上に、これは現実的な問題ですが、別紙にも少々現われて居りますように、私は検事局に出頭した際、検事さんの本件取扱い振りがまったく納得行かなかったのです。別紙には余りハッキリ書きませんでしたが、検事さんの私に対する追求（※ママ）ともいうべき質問は密約問題に集中しました。そして密約のなかったことをハッキリ証明しなければならないから聞くのだといわれますので、私はおよそ世の中で無いことを証明するほど難しいことはないであろう。ないからないというのである。また　密約問題と機密ろうえい事件の裁判とは本質的には関係がないのではないかと答え大分押し問答をいたしました。貴兄のお手紙を見ますと検事さんはまだ専らこの点にこだわっているようですね。このような状態では率直に云って、検事さんと私とは全く違うことを考えているのですから、私が検察側の証人になってもうまく行く筈がありません。

最後に、このような裁判の件について、大使や他の外交官を任地から呼び返すこと自体やってはいけないことと思いますこの点は貴兄既に随分御存知なのでこれ以上書きませんが、前記のかかる裁判の件に対する私の基本的考えと二乗、三乗となり、益々やつてはいけないことと確信をします。

これは貴兄に対するご相談ですが、
沖縄交渉時代　非常に仲良く一緒に仕事をした当時の法務省の辻刑事部長（※刑事局長?）が今度最高検の刑事部長に栄転されましたが、私が出廷するとかしないとかいうことで外務省と検察当局との間がまづく行くことになる心配がありますので、こつそりと、辻さんに御相談になるのもあるいは良いことではないかと思います辻さんが何か良いちえをかしてくれるかも知れません。その際、別紙をこつそりと辻さんに読んで頂いても結構です。右のこと貴兄の御判断にお委せいたします。

何れにせよ大兄に大変御迷惑をおかけしていることを
深くお詫びいたします。

早々☆

二月六日

井川克一

松永参事官（※松永信雄条約局参事官）殿

別紙

私は、機密ろうえい事件について、当初から検察の
問題と外務省の問題ははっきり区別されるべきで
あると考えて居りました。
外務省に機密ろうえい事件が発生した。外務省
は関係ある外務省員に対して行政的処分を
行う。（告発の問題があるかも知れません。この点私は
法律を知りません）あとは、検察側の問題である。

特に関係のある新聞記者の問題は、専ら検察側の問題であって、外務省は関係がない。というのが　当初からの私の考えでした。

私が昨年四月の（※スイス大使）赴任直前に貴兄から検事局に出頭するようにとのお話があった時にも既にこの考えははつきり持っていたのですが、また出頭に反対の旨は貴兄に一應申し上げましたが、当時の状況に於て、余りはつきりいやだというと、私が逃げ廻っている。安川さん（※「西山事件」当時、外務審議官）や吉野さん（※同、外務省アメリカ局長）

貴兄その他の方々が大変な苦労をしておられるのに、私だけわが身かわいさに知らん顔をしていると思われてはいけないと思い、敢えて強く申し上げず検事局に出頭した次才です。

そして東京地検に於て、担当の検事さんの私に対する質問は、専ら交渉の内容に集中しました。私は出頭前に貴兄からこの際充分

検察側に協力することが外務省の方針で
あるといわれたことが念頭にありましたので、そのような
態度はできるだけとりましたけれども、私としては
検事さんが殆んど交渉の具体的内容のみを
私に聞くのが理解できず　交渉の内容と裁判
事件とは関係がないのではないでせうか、仮りにもれた
電報が嘘ばかり書いてあったとしても、本当のことが
書いてある場合と何等相異がないのではないで
せうか、更に私は交渉の内容について大臣方が
国会で答弁された以上のことを申す立場にないと
申し述べましたところ、検事さんは、訴訟は自分が
専門家である、自分としては全部聞いて専門家
として判断し　訴訟に役立つ点をとりあげるのだ
また検察側としてはもれた内容が実質秘
であることを証明する必要があると申されました。
そこで私は、訴訟上のことを云々している積りは全く
ない。私はその方面は完全に無知である。ただ

交渉の内容は、時々刻々変わり得るもので、ある時点
をとらえて事実か事実でないかといっても意味がない。
また仮りに日本側が四百万弗（※沖縄で返還される米軍用地の原状回復補償費400万ドル）を肩代
わりすることが
ある時期において事実であると仮定しよう。そうするとそれが事実
であるからそのような電報をもらしても良いという
ことになるのであらうか。実質秘については、外交交渉の具体的内容は総て実質秘☆条約局
は、何事も発表する立場になく、それは主管局
や情文局（※当時の外務省情報文化局）が必要に應じて行うのであり、☆って
条約局の仕事は殆ど全部秘扱いで行って
いる。更に自分は外務公務員であるので、いかなる
場合にも外務公務員として行動しなければならない。
秘密の内容は上司の許可がなければいえない。ここに
来る前に外務省で相談したが、秘密が解除
されたのは三通（?）の電報だけで、それ以外は秘密
である由であるので、それ以上のことはいえないと答えた
一幕がありました。また調書を読むために次の日か

その次の日に再び出頭した際、調書に色々なことが書いてあったので　長時間かけて大部分削除して貰いました。（なお　私としては、検事さんがどうして交渉の内容を詳しく聞く必要があるのか　理解できなかったので、法務省の辻刑事局長に電話をかけました。それが御不在でしたので　刑事局総務課長―現在確か☆―に電話でこの点☆解らない旨申しておきました）

冒頭に私は、本事件は既に実質は検察側の問題であって外務省は関係がないと書きましたがたしかに形式的な問題については努力が必要であったと思います。即ち、そのような電報があったこと　それが極秘の取扱いになっていたことなどです。（これらの点は新聞によると貴兄☆佐藤事務官が既に証言して居られるようですね）　あとは全く検察側と裁判所の問題ではないですか。

殊に現在蓮見さんは全て事実を認めて出廷もしていない模様ですが、そうなると問題は西山記者の問題のみです。西山記者の問題は、いわゆる「ソソノカシ」に当るか否かという　それこそ全く外務省と関係がない極めて技術的な刑事法の解釈の問題ではないでせうか。私は、西山記者が罪になるとかならないとかいうことにつき外務省として全く関与すべきでないと確信いたして居ります。

新聞記者はいろいろな方法を用いて取材いたします。仮りに新聞記者が大蔵省の金庫をあけて、円の対外レート切り上げ案を盗んだとしませう。その場合　大蔵省として問題なのは、大蔵省の係官が秘密物件保管のため万全の策をとっていたかどうかということだけで　その新聞記者の行為がせっ盗に当るかどうかという問題は、全く検察当局の問題でせう。まして　いわんや切り上げ案の内容が10%であるとか15%であるとか或は局議を経たとか省議を経たとか、議論の際誰がどういう発言をしたなどということは　全く関係がないことと思います。大蔵省としては　極秘のはんが押してある切り上げ案なるものが〇〇局△△課の金庫にあったという形式的事実のみを申し述べれば良いことで、その内容にわたり云々する必要は全くないのではないでせうか。また大蔵省としては　どうしてその案そのものが、実質的に秘密であることを　具体的に証明できませうか。円の問題は極めて微妙な問題であるので総て秘密であるといえるだけでせう。（ただこの説明は、外交交渉の内容の場合より世間的には通用しないでせうが）

実質秘の問題が出て来ましたので　私の考えを申し上げますと、貴兄のお手紙にある才一と才二の問題は、何れも全く事実関係の問題であって実質秘と何等関係がないのではないでせうか。どのような事実があれば関連文書が実質秘となったりならなかったり、どのような事実がなければ　実質秘

となったりならなかったりすることでは全くないと思います
総て電報というものは（特に交渉内容については）
その当事者が実質秘と判断するからこそ極秘の
取扱いをするのであつて、実質秘と形式秘とは別々の
独立したものではない筈です。（ただ　このような点になると
私は全くの素人ですので　私が間違っている可能性は充分
あります）
ただ一つだけはつきりと申し上げられることは、貴兄のお手紙
の二つの問題に対して、私（私ばかりでなくどんな人でも）が
どんな証言をしようとも、実質秘であるという具体的な証拠
を提供することには全くならない上に、検察側の希望する
疑いを消すようなはつきりした証言はできないということです。
先づ才一の問題　即ちなぜ三二〇（※沖縄返還にあたり日本政府が米政府に支払う総額3億2千万ドル）に決ったかということは
先づ以て完全な事実関係ですが、これに対しては
大臣方の国会答弁以外に答えようがない上に、
弁護側の☆いる疑問と　どのような事実があれば

実質秘かどうかということと関係があるのでせうか。

才二の問題　即ち誰が断ったかということ　これ又完全な事実関係ですが、仮りに吉野君が吉野君自身断ったと証言していたならば、それで全部済んでいたことでせうか。

そうではないのではないでせうか。

また、いつ誰がどうして断ったか或いは断らなかったかということと実質秘とどういう関係があるのでせうか。

要するに弁護側が追求（※ママ）しているのは事実関係です。

これに対し検察側が希望するような　即ち貴兄のお手紙によれば「決め手となるべき二つの点につきはっきりした形での証言」は、右に述べましたように不可能のことと思います。それに、くどいですか、これらの事実関係と実質秘との間の関係は全くないと思います。


（それは私が口を出すべきことではないと思いますが才一才二の問題とも事実関係である。弁護側の目的は当然事実関係の追求にあるのに、外務省が事実関係

について、しかも☆以上のことを明らかになしえない制約の下に証人を出すことは　おかしなことではないでせうか）

以上　私の基本的考えからはじめの検事局における模様、事実問題に関する証言の可能性、それの実質秘との関係など脈絡なくくどくどと書きつらねました。明敏な貴兄のことですのでそれを要約する必要は全くないのですけれども　私自身の整理のため要約してみませう。

一、本裁判事件については、これは検察庁の問題であり外務省は形式的な点は別として関係すべきでないとの最初からの私の考えは全く変らず　訴訟の推移と共に益々強くなって居ります。（念のため書きますが　これはあらゆるこの種の事件に適用される原則であって、例えば関係者がとても人の良い人でかわい相だから罪が軽くなる方が良いと考えられる場合に於ても外務省としては証人を出し―この場合は弁護側の要請に基づくことになるのでせうが―裁判の件に関与すべきではないという立場です） 外務省としてなすべきことは、再びあのような事件が起こらないように、そのような体制を作ると共に、全省員が細心の注意を拂うことに貴（※尽）きると思います。

二、殊に西山記者の場合は全く関与すべきでないと信じます。刑事法規上 罪になるか否かは 全く検察庁の問題だと思います。外務省は本裁判事件に関し西山記者に不利（理論的には、勿論有利の場合も）になるように意識的に行動しては決してならないと思います。

三、実質秘の問題については、総て外交交渉の内容は秘密であるというだけで、私を含め何人も、このことはこのような具体的な理由で実質秘 即ち貴兄のお手紙によれば「国益を守る必要がある」ことを具体的に立証できないと思います。

四、貴兄のお手紙による　検察側が指摘している二つの問題　即ち疑惑を残しているといわれる二つの問題は、全く事実関係の問題であり　私を含め何人も大臣方の国会答弁以上のことは証言できません。

五、右四の事実の問題は、それに疑惑があるにせよ無いにせよ　実質秘の問題と全く関係がないと思います。

六、結論として　私の基本的な考えからして（また、証言をしても検察庁の考えている目的に合致する証言ができないこと、裏からいえば弁護側の反対尋問は当然事実関係に集中すると思われるところ、これにつき国会答弁以上の証言ができないこと）　私としては、検察側の証人となることを強く辞退したいと思います。

七、（なお昨年十一月でしたか　吉野君が出廷するとの新聞報道を見ましたので吉野君に電話をかけ、事情を聞きましたところ、吉野君は、私の基本的な考えと殆んど同じようなことをいい、本省にも反対の旨をいったのだが、結局ＯＥＣＤの事情で仰るように証人となることに決った（※当時吉野氏はＯＥＣＤ大使）といわれたので、私はＯＥＣＤのことは知らないが、全くおかしなことだと思うと申しておきました。）

八、以上書き記した後、やはり私の心に残ることは、私がこのようにお断りすることにより　他の方々に御迷惑をおかけしないかということです。貴兄のお手紙によりますと、弁護側は愛知大臣や柏木さん（※当時の大蔵省財務官）を証人として要請するかも知れないとのことですが、他の方々、特に愛知大臣にまで御迷惑をおかけするのは大変なことです。どうしても避けなければなりません。（私が検察側の証人となることにより、しかも充分に証言ができないという状況の下に私が出廷するということで　他の方々の証人申請を妨げることができるのでせうか）

九、検察側が　貴兄のお手紙によりますと「裁判の成否に関する問題として」考えておられることにつき私が証人として出ることを希望しない旨お答えすることは極めて心苦しいことです。特に私は長い間の条約局勤務を通じ法務省刑事局関係者には知己が多く、それらの方々の中には現在検察畑でご活躍中の方もあると思います。また本件で苦労なさった外務省の皆様からどう思われるかも率直に申して心配です。更に右記八の心配も大きな心配ですこれらの心配に拘わらずこの際私の考えをはっきり申し上げることが良いことではないかと考え　以上申し述べた次才です。

二月六日

井川克一

松永参事官　殿

結局出廷した井川氏

井川氏は様々な理由を述べ、検察側証人となることを拒んだ。しかし、外務省は法務省と協議し、スイスから帰国させ出廷させることにした。

井川克一・外務省条約局長。1971年、国会での沖縄返還協定の審議で答弁

ファイル4冊目の「対地検打合わせ等」という文書の中に、1973年4月10日の外務省幹部らの協議で、松永信雄氏が次のように述べたという短いメモがある。

「4月9日、井川出廷について法眼《ほうげん》（外務事務次官）、法務次官会談の結果、吉野証言でぼやけた部分のみ証言されたい。ダメなら愛知大臣を呼ぶ」

検察側証人として1972年12月に出廷していた吉野氏の証言が不十分だったので、外務、法務両省の次官で協議して井川氏に証言させることとした。なお不十分なら事件当時に外相だった愛知揆一氏を呼ぶ、ということだ。

このメモには、「証言が不十分であったために敗けるということであれば、ＭＯＦＡ（外務省）の行政官庁としての性質からして……国会として今後どれだけ追及されるか分らず、その方が大きい」とも記されている。

「ぼやけた部分」があったと外務省幹部らが懸念した吉野氏の

法廷での証言を、当時の朝日新聞（1972年12月8日付夕刊）はこう伝えている。

（西山氏の）弁護側は、（沖縄）返還に伴う対米支払い3億2千万ドルが「〝つかみ金〟であり、政府のごまかしを示すもの」と主張…米側が日本に支払うべき400万ドルの軍用地復元補償費が、この中から支払われたのではないかという疑問について、（吉野氏は）「米側は議会対策上、財源がないというので、『3億2千万ドルもこちらが支払うのだから、財源は十分にあるのではないか』と米側に主張はした」と微妙な表現で述べた。

このため外務省は、井川氏の出廷に備えて「証言にあたってのメモ」も作成。これも「松永ペーパー」に連なる文書で、井川氏への期待を「（西山氏の弁護側の）反対尋問の際における吉野証言の破綻。その破綻の建直しと補強」と述べた上で、密約ととられるようなことは言わぬようこう念を押している。

「証言拒絶はない方が望ましいが、外交上の秘密に触れる事項は、はっきりと証言を拒絶して証言にけじめをつけ、曖昧さを残さないことが必要」

「弁護人は非常に巧妙な尋問をするので弁護人のペースに巻き込まれないように」

「被告人西山も直接（井川氏に）尋問します。条約局長当時、記者としての西山と接触があったと思いますが、西山に言質をとられることがないか、当時の事を想起し証言に遺漏がないように願います」

吉野氏は退官後の2006年、米軍用地の原状回復補償費に関する密約があったことを認めた。朝日新聞の取材に対し、「沖縄が返るなら日本が払いましょうということになった。佐藤首相の判断だった」と述べ、ベトナム戦争などで米国の財政が厳しかったことに触れて「日本が支払わなければ交渉が行き詰まる可能性があった」と語った。09年には、沖縄返還協定で米国に払うとされた3億2千万ドルの内訳について、協定交渉当時に大蔵省（現財務省）の柏木雄介財務官との間で「我々だけで振り分けてみたらどうか」と相談したとし、うち核兵器撤去費とされた7千万ドルは「どんぶり勘定だ」とも振り返っている。

吉野氏、井川氏は2010年に外務省の日米密約調査で有識者委員会のヒアリングに応じたが、報告書に内容の記載はない。吉野氏は2015年3月、井川氏は6月に逝去している。

健在だった西山氏を訪問

この「井川書簡」をどう読めばいいのか。前出の河野康子・法政大学名誉教授に示すと、こう語った。
「西山事件での外務省と検察のやり取りに関する文書を見たのは初めてです。沖縄返還は交渉が進むに従い米側がハードルを上げ、日本側は国民に説明できない譲歩を迫られました。秘密漏洩を罰しようと事実を追う検察から密約の有無をただされることに対する、外務省の強い違和感や戸惑いが文書に表れています」

指摘されたこの文書の重みからして、やはり当事者の西山氏に話を聞かねばと思った。故郷の北九州市の自宅へ電話すると、91歳間近ながら健在だった。2022年9月に北九州市を訪れ、朝日新聞西部本社でインタビューした（全文は後掲）。

西山氏は大きな体を歩行器で支え、応接室へそろり、そろりと入り、ソファにどっかと腰を下ろした。

「井川書簡」への感想を問うと、厳しい答えが返ってきた。

「法廷に出れば井川氏は嘘をつかなきゃいけない、いつか蒸し返されて問題になるという恐れと不安が頭にこびりついて離れない。その自己矛盾の象徴がこの書簡でしょう」

それでも井川氏は外務省に説得されて出廷し、密約を否定した。その様子を当時被告として見つめた西山氏は、「若干の同情論」も口にした。この事件は沖縄返還交渉を主導した佐藤栄作首相のこだわりで立件されたものであり、外務省は巻き込まれたという見立てからだ。

沖縄返還を果たした佐藤首相のエピソードに、退任記者会見で「偏向的な新聞は大嫌いだ」と怒りをあらわにした件がある。これに反発した新聞や通信社の記者が全員退席し、誰もいない会見場で佐藤首相がテレビカメラに向けて話し続ける光景が展開された。

当時、首相官邸筋から「あなたの事件への佐藤首相の当てつけだ」と言われたという話を、西山氏は明かした。

井川氏への同情論は、外務省内からもあった。後輩にあたる元外務省幹部は振り返る。

「沖縄返還交渉では外務省と大蔵省の連携が悪く、巨額の米国への支払いの話で何が表だか裏だかわけがわからなくなっていた。外務省が全部引き取って、井川さんが国会での野党の追及をさばいていた。

担当局長の吉野さんの答弁は粗くて、『アバウト』とあだ名で呼ばれていたぐらいだから」

西山氏もインタビューに対し、「後に米政府の開示文書によって、日本側の裏負担は400万ドルどころではなかったことがわかる。まさに密約体系と言えます。井川氏には、一つ認めればすべてを認めることになり、沖縄返還が吹っ飛ぶという危機感があったのかもしれない」と語った。どういうことか。

米政府の公文書も駆使した沖縄問題の研究で知られる我部《がべ》政明・琉球大学名誉教授は、沖縄返還に伴う日本政府から米政府への支払いでさらに巨額の密約があったとして、こう説明する。

「米公文書に記された秘密の日米合意では、日本政府から米政府への支払いは民政用資産買取り額として1億7500万ドル、そして返還に伴う基地返還の『移転費およびその他』として2億ドル、合計3億7500万ドルでした。方法は、日本の要望で3億ドルを現金で分割払い、7500万ドルは物品・役務とされた。返還協定の調印直前、現金支払い分に米軍用地の原状回復補償費とVOA（Voice of America。米政府系ラジオ局）移転費が項目を隠して上乗せされ、返還協定に示された総額3億2000万ドルになります。それ以外の7500万ドルは沖縄返還後5年にわたり、日本の予算に計上される形で米軍基地の整理統合計画に使われました」

我部氏によると、日米で合意した日本政府の負担額は1972年から77年までで結局、6億4500万ドルとなった。

こうした日米協議は財務当局間で先行し、大蔵省と外務省との関係は混乱していた。それに関して、「井川書簡」には意味深長なくだりがある。「密約問題と機密漏洩事件は関係ない」と説明するために、「仮りに新聞記者が大蔵省の金庫をあけて、円の対外レート切り上げ案を盗んだとしませう」と、架空の話をわざわざ持ち出しているのだ。

「新聞記者の行為が窃盗に当たるかどうかは全く検察の問題で、大蔵省としては極秘の判が押してある切り上げ案なるものが金庫にあったと述べればよく、内容を云々する必要は全くないのでは」。だから外務省も密約問題を検察に語る必要はない、と述べた井川氏の底意を、元外務省幹部は「私に法廷で証言させれば外務省だけでなく大蔵省の金庫、つまり秘密に立ち入ることになると牽制したんじゃないか。頭の切れる人でしたから」と推し量る。

日米関係の重要局面で日本政府が「カネ」を迫られ、財務当局間の協議が先走って雪だるま式に膨らむ。それは沖縄返還から18年後、1990年に起きた湾岸危機でもあった。当時外務省の担当課長だった岡本行夫氏が、結局130億ドルを負担することになる過程で自身がいかに蚊帳の外だったかを、逝去後の2022年に出版された自伝(『危機の外交』、新潮社)で明かしている。日本政府は西山氏の問題提起を矮小化して密約を隠し続け、教訓を得ることなく外交の失敗を繰り返した。

元検事総長に聞く

書簡で井川氏は、沖縄返還交渉で「非常に仲良く一緒に仕事をした」法務省幹部に相談すれば、「良いちえをかしてくれるかも」とまで記した。だが思うようにはいかず、前述の通り外務省は法務省と協議し、井川氏に証言させることにした。井川氏は1973年7月、一審に検察側証人として出廷した。

朝日新聞によると、米軍用地の原状回復補償費の支払いについて密約を否定し、「米側が対議会説明のために（日本政府による）肩代わりのみせかけをつくろうとしたことはあるが、肩代わりはしていない」という趣旨を述べている。

１９７４年の一審判決は、吉野氏や井川氏の証言について「直ちに措信できず、（密約が）ないと断定するには合理的疑惑をぬぐえない」と指摘。女性事務官は有罪、西山氏は無罪となった。取材は手段の相当性に欠けるが、目的の正当性と比べると処罰されてもやむを得ないとは言えない、とされた。

西山氏は無罪判決後に毎日新聞を退社。「新聞記者の鉄則であるニュース源の秘匿ができず元外務省事務官に大変なご迷惑をかけたことに対して法廷外の責任をとりたい」という理由だった。

だが東京地検は控訴し、西山氏は１９７６年に二審で有罪となる。最高裁は78年に西山氏の上告を棄却。漏洩した文書は「外交交渉の秘密として保護に値する」とされた。密約を否定し続けた外務省と、結局密約に立ち入らず、「外交交渉の中身は明かさないのが国際的慣行」という外務省の主張に足並みをそろえた検察の主張が通った。

日本外交の取材に携わってきた私としては、釈然としない。

沖縄返還協定で米政府が払うと明記された費用を日本政府が肩代わりするなら、この条約を発効させるべく承認を得た日米両国の議会への裏切りだ。特に財政負担をする日本の国民は事実を知るべきであり、それを伝えようとした記者が罰せられ、隠した政府が責任を問われないのは不公平だ。

しかも我部氏が指摘するように、米軍用地の原状回復補償費４００万ドルは、沖縄返還に伴う日本政

取材に応じる松尾邦弘・元検事総長

府から米政府への支払いに関する裏合意の氷山の一角だった。他に7500万ドルが複数年にわたり米軍基地の整理統合計画に使われ、「1978年からは『思いやり予算』と呼ばれる在日米軍への財政支援として続く。米軍駐留経費をめぐる日本負担の原型が沖縄返還とともに生まれたと言えます」。

我部氏はこうした日米財政密約を米政府の公文書をもとに1998年以降に明らかにしていくが、もし西山氏が72年に逮捕されずに報道での追及が続き、あるいは「西山事件」の法廷で外務省が証言を迫られ、こうした密約の全体像が明らかになっていたら、在日米軍基地を支えていまに至る「思いやり予算」を、国民やその代表である国会は認めていただろうか。

ただ、私には検察取材の経験がほとんどない。検察側から見るとどうなのだろう。2022年9月、私は西山氏に会った後、松尾邦弘氏を訪ねた。検察トップの検事総長を04～06年に務めた人物に「井川書簡」を示すと、こう語った。

「この書簡にあるように、外務省から密約について説明を拒まれ、それでも西山氏を起訴したのなら、検察としては腹をくくったのでしょう。日米交渉のマル秘文書が漏れたこと自体は大問題で、詳しい中身は相手があるから言えないということで、裁判官に委ねた。一方で、西山氏のそそのかし方がけしからんというのもあったのでしょう」

西山氏のそそのかし方、つまり取材方法は、確かにこの裁判のもう一つの焦点だった。最高裁は「報道の自由は憲法21条が保障する表現の自由のうちでも特に重要」としつつ、「取材手法が対象者の人格の尊厳を著しく蹂躙《じゅうりん》する場合は違法性を帯びる」と指摘した。女性事務官との関係を利用して極秘文書を入手した西山氏の行為はそれにあたると判断したのだ。

ちなみに1972年4月の東京地検の西山氏に対する起訴状には、「(女性事務官と)ひそかに情を通じ、これを利用し、(外務省幹部に)回付される外交関係秘密文書ないしその写しを持出させて記事の取材をしようと企て…(女性事務官が)職務上知ることのできた秘密をもらすことをそそのかした」とある。この認定は一審判決から支持されており、二審と最高裁では有罪判決の大きな根拠となった。

この点についても、私は西山氏にインタビューで聞いていた。強い言葉が返ってきた。

「私の取材手法が反社会性を持っていたことは認めます。認めますが、そういう取材でないと不当な国家機密が取れないところに大きなジレンマがある。国家が主権者の代表である議会に嘘をつき、民主主義の根幹を揺るがすことほど大きな犯罪行為はない」

記者歴28年の私にとって、ギリギリの話だった。反社会的な取材はもちろん許されない。だが、井川書簡ににじむ外務省の体質は今も変わっていないという意味で、西山氏の憤りに共感するからだ。

例えば、前述のように民主党政権下で、この件を含む四つの「いわゆる密約問題」が調査されたが、外務省が設けた有識者委員会が、うち三つで密約があったと認めたのに、外務省は認めていない。また、私が当時の日米協議について2017年に情報公開法に基づく文書開示請求をしたところ、この密約調査に伴ってすでに開示していたものと同じ内容の文書が対象に含まれていたにもかかわらず、「米国等との信頼関係を損なう」などの恐れありとして不開示にするという問題を起こしている。

今回の「西山事件文書」の取材で強い違和感を持ったのは、沖縄返還時に日本政府が資産継承など様々な理由で積み上げた米政府への支払い総額が表の数字だけでも3億2千万ドルと巨額なため、肩代わりが問題となった400万ドルについて「細かい話」と語る元外務省幹部がいたことだ。この件を密約と認定した2010年の外務省の有識者委員会の報告書にすら、「清濁併せ持った返還交渉の苦闘の歴史」と理解を示すような記載がある。

西山氏は私にこう語っていた。「沖縄返還交渉では核問題などが不自然な形で片付いていった。佐藤栄作は美しく仕立てようとするが、密約だらけじゃないのかと思っていました。取材していて、日米の言い分が完全に食い違ったままだったのが、米軍用地の原状回復補償費をどちらが持つかでした。返還協定調印が近づくにつれ、その追及はもういいんじゃないかという空気が残念ながら大勢になっていったが、私はこれは変だと思い、狙いを定めたんです。一体どうなってんだとこだわり続けた」

民主主義のためにいかなる取材も辞さない。「新聞記者たるもの、そうでないと」という西山氏の言葉を松尾氏に伝えると、松尾氏は「立派だ」と語る一方で、国家間の密約を語らなかった井川氏にも「僕も外交官ならそうした」と理解を示した。そして、「検察としては、漏れた秘密の内容が詳しくわからなければ起訴猶予か、機密漏洩から国家をノーガードにはできないから起訴か……」と悩ましげだった。

「西山事件」の最高裁判決で言及された「政府がいわゆる密約によって憲法秩序に抵触するとまでいえ

るような行動」をしていないかという外交へのチェックにおいて、司法自身に限界があるとすれば、どうすればいいのか。松尾氏は「あとは国民の判断に任せる」と語ったが、そのためにはやはり、外交記録の保存と一定期間後の公開が徹底されなければならない。

その意味で、「西山事件文書」の4冊目のファイルの終盤にあった文書を私は見逃せなかった。1972年4月5日、牛場信彦駐米大使がウラル・ジョンソン国務次官に電話した際のやり取りだ。前職は牛場氏が外務事務次官、ジョンソン氏が駐日大使で、ともに沖縄返還交渉に深く関わっている（原文のママ）。

牛場大使　本件機密漏洩のため米国政府をエムバランスした（困らせた）とすれば誠に遺憾にたえず公式に遺憾の意を表する次第である。また日本政府としては将来かかる事件の再発を防止するため万全の措置を講じつつある。

ジョンソン次官　日本政府が本件を極めて手際よく処理されたことをＣＯＮＧＲＡＴＵＬＡＴＥ（お祝い）する。米国内においては政府をエムバランスするような反響は認められず、これは専ら日本政府の問題だという感じである。

米政府が負担すべき費用を日本政府が支払うという密約を暴こうとした西山氏が逮捕された翌日のことだ。当時の日米外交当局間の力関係を、この文書は如実に示す。

日米関係はこの当時からどこまで進んだのか。返還から半世紀以上、在日米軍基地が集中し続ける沖縄から、この国は問われ続けている。

(2) 西山氏へのインタビュー全文

逝去半年前、故郷の北九州で

本書の原稿をちょうどここまで書いた2023年2月25日の夜、前日に西山氏が亡くなったという訃報が流れた。心不全のため北九州市内の介護施設で死去。91歳だった。

前年9月のインタビューは、私が外交史料館で閲覧した「西山事件文書」ファイル4冊の文書のコピーを西山氏に示した上で行った。西山氏の話は、そこに含まれていた「井川書簡」などの評価にとどまらず、国家機密と報道の関係や、在日米軍基地がいまも集中する沖縄の現状にまで広がった。沖縄密約と半世紀以上にわたり格闘した西山氏へのインタビューの全文を掲載する。

【西山太吉氏へのインタビュー】〈2022年9月9日、北九州市の朝日新聞西部本社応接室にて〉

——最近はどのように過ごされていますか。

西山太吉氏。亡くなる5カ月半前のインタビューで＝2022年9月

西山　いやもう、東京だと周辺部にたくさん知己がいて交友関係があり得るけど、こっちではないんで孤立した形で、毎日新聞のごく一部の私に興味のある人間がいて接触している程度で、さびしいですねえ。ただし12月中旬に対談集が出る（『西山太吉　最後の告白』集英社新書）。それが楽しみです。それからちょっとした論文の依頼が多くて書いたりしてます。

家内（西山啓子氏）は9年前に78歳で亡くなり、マンションにひとり暮らしです。体調は異常なく食欲は旺盛。歩行困難だけで、こうして歩行器を使ってます。筋肉が縮小してどうしようもないので、医者から言われてどんどん歩いてます。

――沖縄返還50年にあたり、密約に迫った西山さんへの取材は欠かせないと考えました。密約と米軍施政下の沖縄を日本に返還するための協定で米政府が払うとされた米軍用地の原状回復補償費について、400万ドルを日本政府が肩代わりするというものでした。その日米交渉に関する文書の入手を、外務省の女性事務官に頼んだことが秘密漏洩のそそのかしにあたるとして、西山さんが国家公務員法違反で有罪になった裁判の件からうかがいます。

西山　何でも聞いてください。

――西山さんが極秘文書を入手したのは1971年の協定調印直前でした。協定はそのまま国会で承認され、72年に発効して沖縄は返還されます。裁判はその年の一審から78年の最高裁判決まで続きますが、それに外務省が対応した経緯に関するファイルが今年開示されました。密約に条約局長として関わった井川克一スイス大使が一審で検察側証人として出廷していますが、ファイルの中に、井川氏が当初、出廷を強く拒否すると外務省に伝えていた書簡がありました。スイス赴任前に東京地検から、裁判に必要だとして密約の有無をただされたことに納得がいかないという理由でした。この書簡を読んで、どう思われましたか。

西山　外交交渉を円滑に妥結させるためには過程を外に出してはいけない、それは国家機密だというのが一般論でしょ。でもすべてを話して密約だと判断されれば、国家機密として保護に値するものでなくなる。私は、この密約は沖縄返還協定に反しており、国民に奉仕すべき外務省の背信行為だ、保護すべき国家機密ではないと主張していたから、検察としては少なくともこれに反論するために、漏れた文書が密約とは言えないことを確かめようと、当然井川氏に詳しく聞きたかったでしょう。条約局長は沖縄返還協定の元締めですから。しかし井川氏にすれば、法廷に出れば嘘をつかなきゃいけない、いつか蒸し返されて問題になるという恐れと不安が頭にこびりついて離れない。その自己矛盾の象徴がこの書箇でしょう。

でも結局、外務省が密約は絶対ない、詳しいことは外交交渉だから言えないと譲らないから、検察もそれを信じて密約はないという前提で裁判をやった。それが間違いの始まりでした。一審では井川氏の前に、交渉当時アメリカ局長だった吉野文六氏も検察側証人として出廷していますが、二人とも密約を否定しました。米軍用地の原状回復補償費を日本が肩代わりしたのでなく、米政府が議会対策でそのように見せかけようとしたという言い訳を考えついた。

証言する井川氏を私は被告として見ていましたが、暗い印象でした。後に2000年に見つかった米政府の開示文書によって、日本側の裏負担は400万ドルどころか結局約2億ドルもあったことがわかる。基地施設改善移転費6500万ドルなどが含まれ、後の在日米軍への「思いやり予算」や基地再編経費の原型です。まさに密約体系と言えます。井川氏には、一つ認めればすべてを認めることになり、沖縄返還が吹っ飛ぶという危機感があったのかもしれない。

首相官邸筋が「あなたへの当てつけ」

――西山さんはそもそも、1960年代半ばからの沖縄返還交渉をどうご覧になっていましたか。

西山　私は毎日新聞政治部で外務省担当になる前は自民党の宏池会担当でした。池田勇人内閣で外相を務め、宏池会の領袖を継いだ大平正芳氏は、「沖縄返還と言っても自由使用だからなあ」とぼやいていました。米国の駐日大使だったライシャワー氏から、沖縄を返還する場合は米軍基地の自由使用継続が必要だと言われていたからです。当時はベトナム戦争で米軍は沖縄から出撃していましたから、その基地が自由使用のまま沖縄が日本に返還されれば、日本はベトナム戦争に巻き込まれる。だから池田内閣は沖縄返還に慎重だったわけです。

ところが次の佐藤栄作内閣が沖縄返還を掲げ、首相在任中に実現しようと米国に1972年返還を求めた。それに対するニクソン政権の方針はやはり、72年返還に応じてもいいが、米軍基地の自由使用を続けさせろというものでした。これは日本の国家主権に関わる問題です。米軍が核兵器を持ち込もうとしたり、日本防衛以外のための戦闘作戦行動に出ようとしたりする時には、米政府は日本政府に事前に協議せよという制度があります。ところが72年返還を表明した69年の佐藤・ニクソン共同声明では、沖縄の米軍基地から撤去される核兵器の有事再持ち込みや、朝鮮半島有事や台湾有事、ベトナム戦争への対応は曖昧になりました。核兵器の方では密約まで交わされていたことが後にわかります。

――そこからなぜ、米軍用地の原状回復補償費問題に着目したのですか。

西山　そんな具合に沖縄返還交渉ではいろんな問題が不自然な形で片付いていったので、佐藤栄作（首相）は美しく仕立てようとするが、結局裏で全部日本が譲っているんじゃないか、密約だらけじゃないのかと思っていました。それでも取材していて、日米の言い分が完全に食い違ったままだったのが、米軍用地の原状回復補償費をどちらが持つかでした。アメリカはびた一文払わない、日本はアメリカが払うと。1971年6月の返還協定調印が近づくにつれ、その追及はもういいんじゃないかという空気が残念ながら大勢になっていったが、私はこれは変だと思い、狙いを定めたんです。一体どうなってんだとこだわり続けた。新聞記者たるもの、そうでないと。

——そこで、西山さんは当時の日米交渉に関する文書の入手を外務省の女性事務官に頼み、入手しますが、それが秘密漏洩のそそのかしにあたるとして、国家公務員法違反容疑で1972年4月に女性事務官とともに逮捕されることになります。この立件には外務省よりも首相官邸がこだわったという見方がありますが、どう思われますか。

西山　確かにそうですね。これは外務省でなく佐藤栄作、首相官邸の事件だと思います。佐藤は辞めるときに記者を怒鳴ったでしょ。

——沖縄返還の翌月に退任表明をした首相官邸での記者会見のことですね。冒頭に「偏向的な新聞は大嫌いだ。新聞記者のいるところでは話したくない」と発言し、反発した記者団が退席しています。

西山　そうです。官邸筋が「あなたの事件への当てつけですよ」と私に言った。内閣記者会に対する一般論じゃない。なんぼ激情型の総理でも、辞めるときにあんな風に怒鳴り散らす必要はありません。

——当時の朝日新聞の記事によると、佐藤首相がこの記者会見の直前に開かれた官邸中庭でのパーティーでの挨拶で、「知る権利は必要だが、新聞には公正に報道する義務がある」「最近の出来事からみて、偏向していないだろうか。マスコミ経営者も反省すべきではないか」とも語っています。西山さんが逮捕、起訴されたのはこの2カ月前です。

西山　「美しい沖縄返還」の嘘を暴こうとした私のことが脳裏にこびりついて、それがぐわーっと出ちゃったんじゃないか。あの事件は佐藤が急いだ沖縄返還が引き起こしたと言える。だから若干の同情論になるが、外務省や井川氏には、密約のことが法廷で取り沙汰され、嘘をつかないといけないような事件に巻き込まれたくないという警戒心が働いたと思う。

——ただ、アメリカ局長だった吉野氏は退官後の2006年に、米軍用地の原状回復補償費に関する密約があったことを認めました。「沖縄が返るなら日本が払いましょう、ということになった。佐藤首相の判断だった」と述べ、ベトナム戦争などの影響で米国の財政事情が厳しかったことに触れて「日本が支払わなければ交渉が行き詰まる可能性があった」とも語りました。

西山　吉野氏とはその後に非常に親しくなりました。アメリカ局長がこんなこととして、外務省の国民に対する背信行為にならないかと言ったら、へっちゃらという感じでしたけどね。それでも外務省の交渉当事者が、自分が関わった密約があったと認めたことが戦後の日本外交史上ほかにありますか。日本の民主主義にとっては非常に大きな教訓を残した事件で、そういう意味ではよかった。

「それが私の哲学や」

——ただ、裁判は最高裁に至るまで曲折を経ました。1974年の一審判決は、密約を否定した吉野氏や井川氏の証言を「直ちに措信できず、（密約が）ないと断定するには合理的疑惑をぬぐえない」と指摘し、取材は手段の相当性に欠けるが目的の正当性と比べると処罰されてもやむを得ないとは言えない、として西山さんは無罪になります。ところが76年に二審で有罪となり、最高裁は78年に西山さんの上告を棄却して有罪が確定。判決では、漏洩した文書は「外交交渉の秘密として保護に値する」とされ、

「外交交渉の中身は明かさないのが国際的慣行だ」と説明を避けつつ密約を否定し続けた外務省と、結局外務省に足並みをそろえた検察の主張が通った形になりました。

西山　私のそそのかし行為の方に話が行ってしまった。彼女は起訴事実を認めて一審で有罪になっており、これ以上傷つけるのは嫌だから、法廷では議論しないようにしたのですが。

――そこをあえてうかがいます。東京地検の起訴状には、西山さんが女性事務官と「ひそかに情を通じ、これを利用し、秘密をもらすことをそそのかした」と記されました。最高裁は判決で「報道の自由は憲法が保障する表現の自由のうちでも特に重要」としつつ、「取材手法が対象者の人格の尊厳を著しく蹂躙する場合は違法性を帯びる」とし、有罪の根拠としました。取材の際の人権への配慮についてはいまもメディアに対して厳しく問われています。西山さんは、裁判で問われたご自身の取材手法について、いまどう思われますか。

西山　私の取材手法が反社会性を持っていたことは認めます。認めますが、そういう取材でないと不当な国家機密が取れないところに大きなジレンマがある。国家が主権者の代表である議会に嘘をつき、民主主義の根幹を揺るがすことほど大きな犯罪行為はない。それは本来機密ではないのに、彼らは機密だと言うんですよ。国家が国民を欺いておいて隠し、それを伝えようとする取材の反社会性を非難するアンバランスが、いかに社会を毒しているか。

日本のジャーナリズムで不当な国家機密を抜いたのは私だけじゃないか。それで私は罰されてつぶれた。非難していい、罰していい、つぶしていいけど、それだけじゃ何の意味もない。政府が自分たちのやったことに対する反省、根本的な修正をやらなきゃ。はっは（と一笑し）、それが私の哲学や。

——私は、取材手法は反社会的であってはいけないと思います。ただ、沖縄返還ほどではないにしても、日本外交で大きな交渉が前に進む時、現場の記者はその動きを逐一政府に確認し、報道に追われがちです。裏で政府が国民に負担となる譲歩について隠し事をしていないかどうかまでチェックしきれているかというと、取材経験から言えば正直不安です。

西山　何も反社会的な取材を普及しろとは言わないが、それに対する攻撃ばかりされると、日本のような秘密体質の強い国家はますますそうなります。（あなたに）見せてもらった外務省の（「西山事件文書」）ファイルでも、半世紀以上前の話なのにまだ非開示になっている文書がある。30年経ったらオープンにして過去のことをさらけ出すという原則があるにもかかわらずです。隠す体質がこびりついている。民主党政権の時に外務省は日米密約調査をして、４００万ドルの件について有識者委員会は密約を認めたけど、政府としては認めていない。教訓になっていない。

——密約が明らかになっても政府は教訓とせず、国民に明かすべきことを隠す体質は変わらない。むしろ秘密が漏れるからとセキュリティーを強めています。

西山　（２０１２年からの）安倍内閣で一段とそうなった。特定秘密保護法ができ、森友学園の問題では公文書の改ざんまで起きた。ここまで行くと情報公開に対する反逆だ。政府への取材がますます難しくなっていないか。情報公開を抑止しようとする動きにどう抵抗するかです。

——中国や北朝鮮の軍拡で日本の安全保障環境が厳しくなっているから、外交や安全保障について詳細は明かせない、という説明も目立つようになりました。

西山　体質としては私が現役の頃と変わってないね。国民に知らせないための便法、理屈ばかり考えている。逆なんです。民主主義の根幹は情報公開であり、重要なことほど極小でなく極大で国民に知らせ、政府の判断と根拠をさらさないといけない。そうしないといつまで経っても国民の理解は深まらず、政府にお任せです。だからジャーナリズムが頑張らないといけない。

――最後に、返還から50年の沖縄をどうご覧になっていますか。

西山　米国との凄惨な地上戦で本土の犠牲になった沖縄は、それを繰り返さないように、日本とアジアの平和のシンボルになって然るべきです。それにふさわしい、北東アジアと東南アジアの接点という素晴らしい位置にある。いまで言えば米中の対立を緩和する役割を果たさねばならない。それなのに米国の戦略のキーストーンとして中国に向き合ってしまっている。私が取材した沖縄返還交渉で、米軍基地が事実上自由使用されるままになってしまったからだ。私にとっていまも耐えがたいことです。

エピローグ

二人の人生と日本の行方

国民が生命や財産を脅かされず、一人ひとりが大切にされる国を、国民自身の選択で築いていく。憲法の三原則である国民主権、平和主義、基本的人権の尊重とはそういうことだろう。国民に問われるべきそうした重い選択を、日本外交は国民に隠して何度も重ねてきた。その宿痾を、本書では沖縄をめぐる日米密約という角度から、筆者が見つけた様々な文書を読み解く形で再考した。

その結果、二人の人生と向き合うことになった。国際政治学者の若泉敬氏と、新聞記者の西山太吉氏。生き様は全く違うようでいて、似たものを感じる。生まれは1930年、31年と近い。西山氏にインタビューしていて、若泉氏も存命ならこの齢かと思うこともあった。だがそれだけではない。

二人は、国民に選択を隠す日本外交の姿を国民に明らかにした。

若泉氏は、高揚から悲壮へ。佐藤栄作首相の密使として沖縄返還の実現へ邁進し、返還後の沖縄に緊急時に米国が再び核兵器を持ち込むことを認める密約を献策した。目的は果たしたが、沖縄の人々に対する罪の意識が昂じ、密約を明かす著書を世に問うて死に至る。『他策ナカリシヲ信ゼムト欲ス』という題名は、国民に選択を隠す密約を時の首相に交わさせた若泉氏の悲痛な叫びに聞こえる。

西山氏は、暗転から闘争へ。沖縄返還協定の調印が迫る中、協定に反して米軍用地の原状回復補償費を日本が肩代わりする密約の存在を指摘した。取材活動で秘密漏洩をそそのかしたとして有罪となったが、国民を欺く密約は保秘に値しないと訴え、密約文書の開示を求め裁判で争い続けた。逝去前年の筆者のインタビューでも政府とメディアの緊張関係をめぐる「哲学」を熱く語っていた。

沖縄はいかに返還されるべきか。沖縄の人々を含む国民に問われるべき選択が密約によって覆われたからこその、二人の人生の変転だった。この理不尽さは一体何か。それは、「国民主権」でありながら安全保障を米国に頼り、そのために基地を提供し続けるこの国のいびつさから来るのではないか。

米国の核の傘に頼りながら非核三原則を掲げた佐藤栄作首相の矛盾は、それが際立つ核兵器の持ち込みにおいて、沖縄返還に伴う核兵器の扱いという形でリアルに問われた。国民に見える沖縄の米軍基地からは撤去するが、緊急時には再び持ち込めることにする。だが後者は、核配備を具体的に明かさない米国政府と、非核三原則を唱える日本政府の双方の立場から伏せる。それが核密約だった。

米軍用地の原状回復補償費の方はどうか。米政府は議会への約束を守るために支出しないと突っぱね、では日本政府の肩代わりをどうごまかすかがひそかに協議された。米政府の開示文書には沖縄返還に伴う米軍基地関連での日本政府から米政府への支払いに関し、さらに巨額の密約が記されている。米政府の原則が「支出を伴わぬ復帰」だったことをふまえれば、米軍基地の存続を沖縄返還交渉で前提としたことが、日本政府が国民に負担を隠す財政密約の温床となったことは想像に難くない。

外交において、交渉の最中にやり取りを明かせないことは理解できる。しかし民主主義国家においては、政府は少なくとも結果を正しく国民に説明した上で、国家としての選択とせねばならない。

沖縄返還における核密約と財政密約で外務省の関与の度合いはかなり異なるが、問題はそこではない。戦後日本外交を画したこの日米交渉において、二つの密約が国民を欺いた。それが米国に安全保障を頼るこの国のいびつさに帰着するとすれば、日本外交において国民が国の行方を選択する機会を奪われる事態は繰り返されかねない。それが、二人の人生から学ぶべき教訓ではないだろうか。

機会は実際に日々奪われているのではないかと、記者として四半世紀近く日本外交を見てきた立場から危ぶんでいる。歴代首相は選択の余地がないかのように「日本外交の基軸は日米関係」と語ってきたが、国民にとって本当にそれは最善手か。吟味するには様々な日米交渉の経緯がせめて結果とともに明かされ、検証されねばならないが、ほとんどそうなっていない。

在日米軍が起こす様々な問題について協議する日米合同委員会のやり取りは非公表が前提だ。日頃の日米関係ですら、意見の食い違いを日本政府は極力伏せ、それは「日本外交の基軸である日米関係」にマイナスだからというトートロジー（同語反復）を繰り返す。沖縄返還のために密約はやむを得ない、なぜなら日米関係は大事だからという半世紀前の論理から進歩がない。

原則30年後に文書は開示するという外務省の姿勢は、確かに他省庁よりは前向きだ。だが日米関係で情報公開請求をすると、半世紀も前の沖縄返還や核問題に関する文書でいまだに一部を非開示にする。民主党政権下で日米密約調査の対象となって開示した内容を体系的に把握せず、同じ内容の文書をその後の自民党政権下で非開示にするという失態すら犯している。

しかもその文書開示も30年以降の話だ。「日本外交の基軸である日米関係」が国民のために機能しているのかは、現在進行形で問われている。例えば「核兵器のない世界」だ。

プロローグで指摘したが、2009年にオバマ政権がこのスローガンを掲げて登場した頃、日本政府は秋葉剛男駐米公使（現国家安全保障局長）らが非公開の米議会ヒアリングで「核の傘」の維持を訴えた。そこから日米協議は、日本も通常兵器を強化する「日米同盟の抑止力」構築へと向かった。これも日本外交が国民の選択を奪った例だ。その逸失利益は、米中対立が深まった12年後になって岸田文雄首相が「核兵器のない世界」を掲げるちぐはぐさにおいて鮮明になっている。

その岸田内閣は2022年末、9年ぶりの改定となる国家安全保障戦略を閣議決定した。「我が国に望ましい安全保障環境を能動的に創出するための力強い外交を展開する。そして、自分の国は自分で守り抜ける防衛力を持つことは、そのような外交の地歩を固めるものとなる」と述べている。安全保障を米国に頼る姿勢からの変化の兆しが見えるこの指針の下で、この国は肝心な選択を国民に示さない体質を変えていけるだろうか。

今後も、沖縄からそこは厳しく問われ続ける。ユーラシア大陸の東縁に位置する日本が米国と同盟関係を続けるのであれば、大陸の中国、ロシアと米国の緊張が高まるかどうかで、日本の安全保障環境は全く変わる。日本列島は融和と繁栄の舞台にも、戦場にもなり得る。後者を避けるべく、日本の外交・安保政策は選択を重ねていけるか、その結果が沖縄の島々に如実に表れるからだ。

沖縄返還の年に生まれた私が高校三年生の頃、ベルリンの壁が崩れ、米ソ冷戦が終わった。それでも、大学に入って沖縄を旅し、市街に隣り合う巨大な米軍基地を目の当たりにして、中国や北朝鮮が控える東アジアで米軍基地は減るのだろうかと思った。そんなゼミ発表をした私に、担当教授は「では代わりに自衛隊の基地になったら君はどう思う」と問うた。答えられなかった。

それからさらに30年、「在日米軍基地」の集中が続く上に、敵基地攻撃能力を持つことになった自衛隊の配備が進む沖縄の島々は、「核兵器のない世界」を唱えながら通常兵器でハリネズミのようになった将来の日本列島かもしれない。

それは、若泉氏も西山氏も決して望まなかったこの国の姿だ。

あとがき

一介の新聞記者が沖縄をめぐる日米密約を検証するという大それた本だ。返還50年を機に手当たり次第に取材してネタは集まったが、さてどうしたものか。私が検証するというより、読者に再考していただくきっかけになればいいのではと都合良く思い直し、凝った肩をほぐしながら書き進めた。

沖縄返還交渉に関する先行文献との最大の違いは、「若泉文書」だろう。佐藤栄作首相の密使を務めた若泉敬氏が、沖縄返還に合意する１９６９年のニクソン大統領との会談に向け極秘交渉で運びを練り上げたが、残り数日で核密約を含め佐藤首相にどう説明するか。若泉氏は著書『他策ナカリシヲ信ゼムト欲ス』で実際の慌ただしさそのままに述べたが、もとになる史料はほとんど見当たらない。

今回見つけた、直筆とみられる「若泉シナリオ」の全文を示すことで、この史上最も重要で異常な日米首脳会談に改めて光を当てられたのではないか。

「若泉文書」を介して、多くの人と絆を紡ぐこともできた。研究者の方々と沖縄返還交渉について議論を深められた上に、生前の若泉氏と接した方々に思い出を伺い、手紙や写真などを見せていただくことで、核密約という途方もないがゆえに捉えがたい事件を、若泉敬という確かに存在した一人の人間の自問自答を経た遺産として受けとめることができた。大げさだが、人間の営みを文書で残し、受け継ぐことの大切さを実感した。それが少しでも読者に伝わればという思いを文章に込めたつもりだ。

「基地研文書」での沖縄返還交渉への光の当て方も珍しいだろう。若泉氏を含む錚々《そうそう》たる有識者らが佐藤首相のブレーン集団として戦わせた議論を、発言者をアルファベット一文字に置き換えて伏せた議事録から、人定も含めて読み解いた。メンバーが残した議事録をもとに先行研究をされていた方々にご指導をいただきつつ、陪席した外務官僚による記録が外務省にあると知ってクロスチェックができた。時の首相が掲げた外交政策をいかに検証するかについて、新たな可能性を感じた取材だった。

一連の「西山事件文書」も、外務省が保管し、閲覧が認められたファイルに綴られていた。記者が公務員に秘密漏洩をそそのかした罪に問われるという異例の事件をどう扱うか、「被害者」の行政機関と裁判所や検察庁の生々しいやり取りが垣間見えたことは、この本のテーマを超えて興味深かった。何よりも、この文書を見つけたことで、元毎日新聞記者の西山太吉氏に取材できたことが幸いだった。

政治記者としても、外務省記者クラブのキャップとしても大先輩になる。読売新聞の渡辺恒雄記者（現主筆）との特ダネ争いなどの余談の後、約2時間のインタビューだった。同じ記者としての率直な疑問も受けとめていただき、「ジャーナリズムが頑張らないと」と叱咤激励された。語り、考え、笑い、まだまだくたばれんという気概に満ちていたが、5カ月半後に逝去された。ご冥福を祈る。

沖縄の祖国復帰に匿名の情熱を注いだすべての方々のご尽力と、五十路を越えてなお未熟な私を導くすべての方々のご支援の上に、本書はある。とりわけ、編集を粘り強く支えていただいた朝日新聞政治部デスクの二階堂勇氏と、朝日新聞出版の福場昭弘氏に御礼を申し上げる。

最後に、いつも笑顔で支えてくれる妻と息子、娘に心からの感謝を伝えたい。

２０２３年６月　沖縄返還から51年、「慰霊の日」を前に

藤田直央

藤田直央（ふじた・なおたか）
1972年、京都府生まれ。京都大学法学部卒業、政策研究大学院大学修了。94年に朝日新聞社に入り、主に政治部に所属。米ハーバード大学客員研究員、那覇総局員（2010〜11年。米軍基地問題や沖縄県知事選を取材）、外交・防衛担当キャップなどを経て、19年から編集委員（日本政治・外交・安全保障）。21年から法政大学兼任講師も。著書に『エスカレーション—北朝鮮vs.安保理　四半世紀の攻防』（岩波書店）、『ナショナリズムを陶冶する—ドイツから日本への問い』（朝日選書）、編著に『防衛事務次官冷や汗日記』（朝日新書）がある。

朝日選書 1034

徹底検証《てっていけんしょう》 沖縄密約《おきなわみつやく》
新文書《しんぶんしょ》から浮《う》かぶ実像《じつぞう》

2023年6月25日　第1刷発行

著者　藤田直央

発行者　宇都宮健太朗

発行所　朝日新聞出版
〒104-8011　東京都中央区築地 5-3-2
電話　03-5541-8832（編集）
　　　03-5540-7793（販売）

印刷所　大日本印刷株式会社

ISBN978-4-02-263126-8
定価はカバーに表示してあります。